1941 – Verbannung nach Sibirien

Arzuman Iljasoglu

AF648275

Arzuman Iljasoglu

1941 - Verbannung nach Sibirien

Die Geschichte des deutschen Mädchens Mary

Roman
nach wahren Begebenheiten

DeBehr

Copyright by: Arzuman Iljasoglu
Übersetzerin: Matanat Isgandarova
Deutscher Lesesaal Baku
Herausgeber: Verlag DeBehr, Radeberg
Erstauflage: 2024
Grafiken erstellt über Midjourney.com
ISBN: 9783987271786

Widmung

Diese Erzählung ist dem gesegneten Andenken meines Deutschlehrers

Herrn Mirza

gewidmet.

Inhalt

Mary

Der faschistische Krieg gegen die Sowjetunion hatte zur Verbannung aller Verwandten und Freunde von Mary, die in Georgsfeld (Yelendorf) lebten, wo sie geboren und aufgewachsen war, geführt. Die Dorffrauen konnten weder am Geburtstag noch am Todestag dem Brauch folgen, die Gräber ihrer Lieben zu besuchen, und das bereitete ihr Sorgen.

Das Haus ihres Vaters in Georgsfeld, ihre auf dem dortigen Friedhof begrabenen Eltern, das Grab ihres am 9. Oktober geborenen und Jahre später am 9. Oktober verstorbenen geliebten Mannes konnte Mary nicht besuchen. Ihr Mann starb damals bei einem Unfall in der Kupferschmelzanlage in Gadabay. Marys Eltern waren über seinen Tod zutiefst erschüttert und ihre Mutter starb zwei Jahre später. Ihr Vater, Hersteller von vierrädrigen Karren, verlor sein Leben während des Finnischen Krieges.

Mary war das einzige Kind der Familie

gewesen. Ihr Vater Karl hatte eine Werkstatt für Karren besessen. Fast keiner der Einheimischen besaß zuvor eines dieser vierrädrigen Gefährte.

Nach der Gründung der Kolchose entstand ein hoher Bedarf nach vierrädrigen Karren, sodass Karls Aufträge ständig zunahmen. Er hatte keine Zeit, sich um die reinrassigen Kühe zu kümmern, die er aus Deutschland mitgebracht hatte.

Obwohl es viele Aufträge gab und der Alltag gut verlief, empfand Karl keine besondere Liebe für die Kolchose. Er dachte: „Ein Mann sollte Eigentum haben, um es zu schätzen. Zusätzlich zu denen, die in der Kolchose arbeiten, wird der Reichtum dem Schmarotzer zugutekommen." Aber trotzdem erfüllte er zunächst die Aufträge der Kolchose.

* * *

Karls einziges Kind, seine Tochter Mary, half ihrer Mutter, sich um die Kühe zu kümmern, bis sie ihr Medizinstudium beginnen würde. Wenn sie die Kühe auf die Weide brachte, unterhielt sie sich oft mit den benachbarten Seifali-Dorfbewohnern. Da jeder ihren süßen Akzent in der Landessprache mochte, versuchte jeder, der sie traf, sie mit einer Ausrede zum Sprechen zu bringen. So lernte Mary, fließend Aserbaidschanisch zu sprechen. Nachdem sie ihr Medizinstudium mit hervorragenden Noten abgeschlossen hatte, begann sie, in ihrer Heimatstadt Georgsfeld als Krankenschwester zu arbeiten.

1939 wurde sie als Krankenschwester in ein neu gegründetes Dorf in der Nähe des Bahnhofs Alabashli berufen, sie lebte mit ihrer Tochter Elke in einem kleinen Zimmer im Gebäude des Dorfrates . Nur ein Bett, ein kleiner Tisch und ein Schrank wurden in dieses kleine Zimmer gestellt, darum war sie gezwungen, zusammen mit ihrer Tochter zu schlafen.

Mit ihrem Wissen und Können hatte sie sich in kurzer Zeit den Respekt der Dorfbewohner verdient. Da in der Dorfschule Lehrermangel herrschte, arbeitete sie auch als

Grundschullehrerin. Ihre Tochter Elke nahm ebenfalls Kontakt zu den Dorfkindern auf.

Obwohl sie in einem engen Zimmer lebte, war das Leben für Mary interessant. Mehrmals im Monat besuchte sie ihren Vater Karl. Nach dem Tod ihres Vaters dann war sie nur noch selten im Haus ihrer Eltern, was sollte sie auch da in der Leere eines ehemals mit Liebe und Leben gefüllten Gebäudes? Nach Kriegsbeginn war der Besuch des Hauses nicht mehr möglich.

Nachdem Nazideutschland die Sowjetunion angegriffen hatte, hatte Mary das Gefühl, dass einige der Dorfbewohner nicht mehr mit ihr in Kontakt treten wollten.

Am 9. Oktober 1941 wollte Mary zusammen mit ihrer Tochter Elke zum letzten Mal das Grab ihres Mannes Heinrich in Georgsfeld besuchen. Am Vortag erfuhr sie von einer Nachbarin, dass Sayad, der Karrenfahrer der Kolchose, am nächsten Morgen zum Bezirkszentrum fahren würde, und am Abend zuvor ging sie zum Haus des Mannes, um nachzufragen.

„Onkel Sayad, könnten Sie uns bis Georgefield mitnehmen, wir kehren dann zu Fuß zurück?", sagte sie.

Auf Marys Bitte antwortete der Mann: „Warum nicht, meine Tochter? Früher hatte ich eine zweirädrige Karre. Dein Vater Karl hat mir eine Karre mit vier Rädern gebaut und auch beim Geld viele Zugeständnisse gemacht. Er war ein guter Mann. Betrachte die Karre als deine eigene. Denk nicht daran, zu Fuß zurückzukommen. Ich bringe euch mit, wenn ich aus dem Bezirkszentrum zurückkehre."

Am frühen Morgen weckte Mary ihre 10-jährige Tochter Elke und gab ihr zu essen. Während sie ihre Reisetasche vorbereitete, hörte sie von draußen Sayads Stimme. Sie öffnete den Vorhang am kleinen Fenster und schaute hinaus, sah die Karre, so verließ sie mit ihrer Tochter das Zimmer.

* * *

Unterwegs sprach Sayad über seine Beziehung zu Marys Vater Karl.

Das Gespräch verkürzte den langen Weg. „Sprich darüber, was du weißt.“

Mary: „Was soll ich sagen, Onkel Sayad? Nicht nur meine Eltern sind tot, auch mein Mann ist vorzeitig gestorben. Möge Gott Hitler mit Schande bedecken. Andererseits hat uns sein dummes Verhalten zutiefst beschämt. Wie lässt sich erklären, dass nicht alle Deutschen Faschisten sind?”

Sayad: „Ich bin ein einsamer alter Mann und habe niemanden, der an die Front gehen kann. Jedoch wurden die Söhne und Kinder anderer an die Front gebracht. Man kann es ihnen auch nicht verübeln. Pro Tag kommt ein schwarzes Papier, eine Todesnachricht.”

„Ich verstehe jeden. Und Sie? Haben Sie keinen Sohn oder keine Tochter?“, fragte Mary:

„Ich habe nur eine Tochter und weiß nicht, ob sie lebt oder tot ist. Die Ratsregierung machte ihren Mann zum Gegenrevisionisten und erklärte ihn zum „Feind des Volkes“. Meiner Tochter wurde gesagt, sie solle sich von ihrem Mann scheiden lassen.

Meine Tochter war damit nicht einverstanden, und so wurde die ganze Familie verbannt. Unter einem Vorwand nahmen sie mein einziges Pferd, zwei Kühe und fünf Schafe als Eigentum der Kolchose weg. Ich selbst war fünf Jahre in der Verbannung. Nach der Verbannung kehrte ich ins Dorf zurück, mein Haus, mein Vieh standen bereits unter der Kontrolle der Kolchose. Einige Zeit arbeitete ich im Büro der „Forer Brothers". Die Geschäftsleitung teilte mir mit, dass meine Arbeit im Büro von der Regierung nicht für gut empfunden würde. Um ihnen nicht zu schaden, habe ich meine Arbeit gekündigt. Für ein Stück Brot habe ich eine Zeit lang in einer Werkstatt gearbeitet."

Mary sah sich schüchtern um: „Ich würde nicht glauben, dass Sie mit der Regierung unzufrieden sind. Dies ist das erste Mal, dass ich jemanden sehe, der sich gegen die Sowjetregierung äußert. Wie stehen Sie zu den Faschisten?", fragte Mary.

Sayad: „Für mich ist es egal, ob es eine Ratsregierung oder eine faschistische ist. Wer Menschen schadet, ist mein Feind.

Beide werden irgendwann zugrunde gehen. Ich hasse Faschisten, weil sie Menschen schaden und fremde Länder besetzen.”

Mary senkte den Kopf und sagte leise: ”Ich hasse sie auch, weil sie Menschen unterdrücken.“

„Selbst wenn sie die Sowjetunion besiegen können, werden sie hier zerstört. Aber der Sowjet ist auch eine hasserfüllte Regierung. Fast alle meine Bekannten wurden verbannt, wie ich”, sagte Sayad und schwenkte seine Peitsche in den Himmel.

„Wahrscheinlich wollten die meisten von ihnen nicht der Kolchose beitreten?”, fragte Mary neugierig.

Sayad: „Das Land sollte dem Bauern nicht weggenommen, sondern ihm gegeben werden. Es wird schlimme Folgen haben. Weißt du, was die größte Schande der Sowjetunion ist?“, sagte er, drehte sich um und sah Mary an.

Mary zuckte mit den Schultern und sagte

nichts.

„Das Land so zu behandeln, wie sie es wollen. Dadurch werden die Nationen einander zu Feinden. Land, Heimat … das ist ein heikles Thema, mit dem man nicht scherzen darf."

Eine Zeit lang sprach niemand. Sayad drehte sich um und blickte mehrmals zurück. Er sah Marys Tochter Elke noch immer auf dem Schoß ihrer Mutter sitzen. Er zog das Zaumzeug des Pferdes zu sich heran. Sobald die Karre anhielt, drehte er sich um und sagte zu Elke: „Störe deine Mutter nicht, komm und setz dich neben mich. Ich werde dir Geschichten und von meinem Leben in den schneebedeckten Bergen erzählen."

Elke blickte fragend ins Gesicht ihrer Mutter. Sobald Mary zustimmend nickte, kroch sie schnell zu Sayad. Sayad legte die Matte, auf der er saß, an die Stelle, an der Elke sich hinhockte.

„Setzt dich darauf."

Sobald Elke sich gesetzt hatte, schwang er erneut seine Peitsche. „Los geht's!“

Als das Pferd Sayads Worte hörte, setzte es seinen Weg fort.

* * *

Sayad erreichte den Ort Arkhadönen und wendete seine Karre in Richtung Georgsfeld auf dem Weg Baku-Tiflis. Nachdem das Pferd seinen Weg auf der Straße eingeschlagen hatte, drehte sich Sayad um und sah Mary an. Auch Mary blickte aufgeregt auf ihr Heimatland.

Sayad streichelte Elkes Kopf und sagte: „Ja, wir haben mehr als die Hälfte des Weges hinter uns. Wenn man hier ankommt, sieht man erst mal zwei Bergahorne. Ich benannte diese Bergahorne immer als Karls Bergahorne, weil die in der Nähe Ihres Hauses stehen. Bei meiner Ankunft in Georgsfeld musste ich immer feststellen, ob sie dieselben sind oder nicht”, sagte Sayad und zeigte auf die in der Ferne sichtbaren Bergahornbäume.

„Onkel Sayad, konnten Sie sagen, ob das unsere Bergahorne sind?“, fragte Mary neugierig und gutgelaunt.

Sayad meinte: „Nein, meine Tochter. Masha'Allah, in Georgsfeld gibt es so viele ähnliche Bergahornbäume. Ich glaube nicht, dass es in irgendeinem Dorf der Welt sonst noch so viele Bergahornbäume gibt. Es ist interessant, warum sie das Dorf nach einem „Georg” benannt haben und nicht nach „Bergahornbäumen”, überlegte er laut.

„Onkel Sayad, von vorn kommen Karren mit voller Ladung“, sagte Mary und blickte aufmerksam nach vorne.

„Ich kann so weit nicht gut sehen. Sie haben wahrscheinlich Lebensmittel für die Front.” Obwohl Sayad aufmerksam in dieselbe Richtung schaute, sah er die Karren nicht. Er sagte zu Elke: „Pferde können sich erschrecken, wenn sie sich nähern, komm und setz dich neben deine Mutter.“

Elke huschte sofort zu ihrer Mutter. Sayad richtete seine ganze Aufmerksamkeit auf die herannahenden Karren. Sie waren nicht aus Lebensmitteln beladen, sondern mit Menschen.

Ohne den Blick von den Karren abzuwenden, sagte Sayad: „Es scheint, dass sie Menschen und keine Fracht befördern. Sie gehen wahrscheinlich an die Front."

Auch Mary stand schnell auf und blickte auf die Karren, die vorne kamen.

„Ja wirklich, da sind die Menschen in den Karren. Es scheinen Erwachsene mit Kindern zu sein. Wohin reisen sie so früh?"

Keiner von ihnen sagte mehr ein Wort, bis die Karawane ganz nah war. Sobald Sayad bewaffnete NKWD-Offiziere in der ersten Karre sah, legte er seine Hand auf den Rücken und deutete Mary an, sich hinzulegen. Mary umarmte ihre Tochter und legte ihren Kopf auf die Reisetasche. Mutter und Tochter duckten sich.

Sayad erkannte anhand der Stimmen, dass es Deutsche waren. Ohne sich umzudrehen, sagte er: „Schließe deine Augen und tu so, als ob du schläfst", und er blickte nach vorne.

Als die Karren an ihnen vorbeizuckelten, schaute er den Menschen aufmerksam nach.

Mary sah die Karren nicht an, aber sie konnte die Leute deutlich hören. Nur Kinder und manchmal auch beruhigende Mütter waren zu hören.

„Das sind deutsche Familien. Sie ziehen wahrscheinlich nach Sibirien", sagte Sayad.

Die Karren entfernten sich.

* * *

Am Dorfeingang standen Milizen. Sobald er die Milizen in der Ferne erblickte, drehte sich Sayad um und blickte Mary fragend an.

Mary wusste nicht, was sie sagen sollte, sie senkte leise den Kopf und schwieg. Sayad hatte vor, eine List anzuwenden. Er sah eine kleine Senke auf der rechten Seite des Weges und zog den Kopf des Pferdes nach rechts. Sobald das rechte Hinterrad in das Loch fiel und die Karre zur Seite kippte, zog er das Pferd am Zaumzeug und stoppte. Elke schrie vor Angst. Sayad stieg schnell ab.

„Hab keine Angst, meine Tochter, ich werde es schnell reparieren", sagte er und beruhigte Elke.

Er betrachtete sorgfältig das Hinterrad und nahm den Hammer. „Mach dir keine Sorgen", sagte er leise.

Er zog das Pferd mit dem Zaumzeug vorwärts. Dann stoppte er das Pferd, als das Rad aus der Senke kam. Er steckte den Radschutz unter seine Kleidung und ging, ohne etwas zu sagen, ein langes Stück zurück und zählte seine Schritte auf dem Weg, den er gekommen war. Beim zweiundfünfzigsten Schritt warf er den eisernen Schutz in das Gebüsch und lief wieder zum Wagen.

Sayad nahm ein Stück Eisen von der Karre und legte es beiseite. Nachdem er das Eisen mehrmals mit einem Stein geschlagen und am Boden befestigt hatte, begann er, das Pferd loszubinden.

Mary beobachtete ihn schweigend und versuchte zu verstehen, was er tun wollte. Da sie nichts begriff, wollte sie aussteigen.

„Meine Tochter, wickele das Kind in eine Decke und setz dich ruhig hin. Ich kläre die Lage und komme zurück „, sagte er und ging zu den Milizen.

Mary und ihre Tochter Elke blickten aufgeregt hinter Sayad her.

* * *

„Onkel, man darf das Dorf nicht betreten“, hielten Milizsoldaten ihn auf, als er sich dem Dorfeingang näherte.

„Sohn, ich bin ein Karrenfahrer. Meine Enkelin ist krank, wir müssen ins Bezirkszentrum, um einen Arzt aufzusuchen. Aber meine Karre ist kaputtgegangen. In diesem Dorf gibt es eine Karrenwerkstatt. Ich bringe meine Karre dorthin, und dann komme ich zurück.“

„Die Deutschen ziehen um. Es ist verboten, das Dorf zu betreten. Es wäre besser, wenn ihr irgendwie ins Bezirkszentrum gelangen könntet. Dort kannst du die Karre reparieren. Du darfst nicht zu lange hier bleiben. Geh und beschäftige dich mit deiner Karre“, sagte der Milizionär und wies ihn an, zu verschwinden.

Als Sayad den Kopf senkte und zurücklief, rief einer der Polizisten ihm nach:

„Hey Mann, vielleicht kommst du morgen. Was auch immer benötigt wird, Khoren wird dafür besorgen.”

„Wer ist Khoren?”, fragte Sayad und drehte sich um.

„Ich meine unseren Khoren. Die Karrenwerkstatt wurde ihm geschenkt”, sagte der Milizionär.

Sayad kehrte ging, ohne etwas zu erwidern. Nach ein paar Schritten blieb er stehen und rief: „Ja, jetzt verstehe ich, warum Khoren heutzutage hierher bummelte? Wenn ein Mensch kein männliches Gesicht hat, was kann man dann von ihm erwarten?“, sagte und kehrte im Selbstgespräch zur Karre zurück. Diese Ungerechtigkeit hatte eine unheimlich schlechte Wirkung auf ihn und er zitterte vor Wut.

* * *

„Onkel Sayad, konnten Sie etwas erfahren?“, fragte Mary aufgeregt.

Sayad antwortete leise: „Meine Tochter, es ist nicht empfehlenswert, dein Elternhaus heute zu besuchen, vielleicht an einem anderen Tag. Ich habe das Karrenrad repariert, wir fahren zurück“, sagte er, bewegte sich, als ob er etwas auf dem Boden suchen würde und ging zu den Büschen, unter die er den Radschutz geworfen hatte.

Sobald Sayad das Rad befestigt hatte, band er das Pferd an die Karre, drehte den Kopf des Pferdes zurück und zuckelte in Richtung seines Dorfes.

Nach einer langen Fahrt hielt die Karre in der Nähe eines kleinen Wassergrabens an. Er wusch sein Gesicht im Graben, um seinen Zorn abzukühlen und seine Aufregung abzulegen. Als er sah, dass Mary nervös auf ihr Dorf blickte, schmerzte ihm das Herz, und er erinnerte sich an seine Tochter Maryam: „Wegen der verdammten Ratsregierung habe ich mich danach gesehnt, das Gesicht meines Kindes zu sehen. Meine Tochter, lass das Kind in der Karre, steige aus und wasch dir auch dein Gesicht.“

Mary stieg widerwillig aus der Karre und begann, sich im Graben die Hände zu waschen.

Ohne Elke aus den Augen zu lassen, die in der Karre saß, begann Sayad mit einer Stimme zu sprechen, die nur Mary hören konnte.

„Ich wollte es nicht vor dem Kind sagen, sie verbannen alle Deutschen.”

„Warum und wohin?”, fragte Mary traurig.

Sayad: Es ist nicht schwer, das zu erahnen. Sie haben Angst vor einer Kollaboration mit den Faschisten. Ich habe nicht gefragt, wohin sie verbannt werden, wahrscheinlich nach Sibirien, oder im besten Fall in die Steppe Kasachstans.

Mary fragte: „Waren Sie auch während der Verbannung in Sibirien?“

„Ja. Sibirien ist für uns Männer ein höllischer Ort, aber für eine Frau ist es ein Ort, der dem Tod gleichkommt. Was kann man tun. Der Regierung ist es egal, ob es Frau und Kind ist, sie verbannt alle diejenigen, die sie nicht mag”, sagte er, drehte sich um und schaute in Marys Gesicht. „Ja, stimmt, du hast nichts mit den Faschisten zu tun, aber du bist eine Deutsche. Deshalb rate ich dir, nicht nach Hause zu gehen.“

Mary setzte sich auf den Rand des Grabens und dachte nach. Auch Sayad dachte nach und ging eine Weile um die Karre herum. Da ihm nichts Vernünftiges einfiel, streichelte er den Kopf von Elke, die in der Karre saß, dann kam er zu Mary.

Damit ihre Tochter es nicht sah, saß Mary mit dem Rücken zu ihr am Wassergraben und weinte.

Sayad stand nun zwischen den beiden und verdeckte den Blick des Kindes auf seine Mutter: „Weine nicht, sonst erschreckst du das Kind. Das ist keine Lösung. Wasche dein Gesicht, Inschallah, wir kehren zurück."

„Onkel Sayad, wäre es nicht besser, wenn ich mit den Deutschen gehen würde? Auf jeden Fall kennen mich die meisten Leute. Sie würden mich unterstützen. Wenn sie mich allein und mit meiner Tochter von hier verbannen, wird mir niemand in der Fremde helfen", sprach Mary hoffnungslos.

Sayad meinte: „Bei diesem miesen Wetter ist es nicht klug, dazusitzen und über irgendetwas nachzudenken."

Sayad schwenkte seine Peitsche in den Himmel, als Mary in die Karre stieg: „Vielleicht gehen wir lieber direkt zu mir. Von den Milizen kann man alles erwarten. Kann sein, dass sie im Dorfrat auf euch warten."

Mary sprach traurig: „Es ist sinnlos, zu Ihnen zu gehen. Wenn heute nicht vom

Dorfrat, dann werden sie uns morgen von Ihnen wegnehmen. Also gehe ich besser nach Hause. Sonst schade ich Ihnen mit meiner Anwesenheit noch."

Sayad sagte selbstbewusst: „Nein, auf jeden Fall ist es besser, wenn wir zu mir gehen. Ich werde mich krank verhalten, als ob du mit deiner Tochter bei mir bleibst, um dich ein paar Tage lang um einen einsamen alten Mann zu kümmern."

Mary lächelte ironisch: "Ist es möglich, den NKWD zu täuschen?"

Gut gelaunt antwortete Sayad: "Vielleicht ist unter ihnen einer mitfühlend."

Obwohl Elke nichts verstand, fühlte sie, dass etwas Unangenehmes passiert war. Deshalb blickte sie manchmal besorgt zu ihrer Mutter und manchmal traurig zu Sayad.

***

Kurz bevor er das Dorf betrat, stoppte Sayad hektisch die Karre. Das plötzliche

Anhalten alarmierte Mary und Elke und sie schauten sich besorgt um und versuchten herauszufinden, was los war. Mary sah Sayad überrascht an, sie hatte nichts Gefährliches erblickt.

Sayad stieg lächelnd von der Karre herunter. Er kam zu Mary, nahm sie am Arm und bat sie, aus der Karre auszusteigen. Mary sah ihn überrascht an.

„Die Tochter von Karl muss die Karre fahren können“, sagte er und half Mary, auszusteigen.

* * *

Dann schob er Mary nach vorn in die Karre und gab ihr den Strick des Pferdes.

„Ich bin krank, ich habe nicht die Kraft zu stehen. Ich werde neben meiner Enkelin liegen”, sagte er und stieg nach hinten in die Karre.

Mary folgte verwirrt seinen Bewegungen, konnte aber nichts verstehen.

„Ja, Mary, zeig, was du kannst“, sagte

Sayad und legte seinen Kopf auf Elkes Knie. Als er sah, dass sich die Karre nicht bewegte, hob er den Kopf.

Mary sah ihn immer noch erbärmlich an.

„Warum starrst du so? Schwinge den Strick und fahre direkt zu meinem Haus. Wenn jemand unterwegs fragt, sag demjenigen, dass Sayad im Sterben liegt, deshalb sind wir zurück. Lass uns deinen Mut sehen", sagte er und legte seinen Kopf wieder auf Elkes Knie.

Mary ruckelte zaghaft am Strick.

Sayad hatte Hoffnung, dass er Mary irgendwie vor der Verbannung retten könnte.

* * *

Mary und ihre Tochter Elke blieben einige Tage bei Sayad. Mary wollte nach Hause zurückkehren, in der Hoffnung, dass der NKWD ihr nicht folgte. Aber Sayad war dagegen.

„Ich möchte die Angst, meine Tochter und Enkelin zu verlieren, nicht zum zweiten Mal erleben."

So hatte Sayad am Ende seines Lebens eine Familie. Er fand den Trost, den Atem seiner Tochter Maryam und seines Enkels zu fühlen, deren Gesichter er nicht sah.

* * *

Beim Durchsehen der Liste der nach Kasachstan zu verbannenden Deutschen fielen dem Oberen die Namen einer Frau und ihrer Tochter auf. Er rief seinen Assistenten und wies ihn an, sich sofort mit dem Vorsitzenden der Kolchose in Verbindung zu setzen, um sich über die besagte Frau zu informieren. Weniger als zehn Minuten später berichtete ihm der Assistent über Mary.

„Ein ganzes Dorf kann nicht ohne eine Ärztin und auch nicht ohne eine Lehrerin bleiben, die die „Muttersprache" unterrichtet", dachte er und schrieb auf die Liste „Muttersprachenlehrerin" vor Marys Namen.

Bis zur Vertreibung der Faschisten aus dem Kaukasus stand Mary unter Kontrolle des NKWD.

Nach der Befreiung der Stadt Kiew wurde das Wort „Mary – Dorfärztin, Muttersprachlehrerin“ in der Liste gestrichen.

* * *

Im Frühjahr 1945, wenige Tage vor Kriegsende, vermachte Sayad seiner Enkelin Elke alles, was er hatte, und verabschiedete sich von dieser Welt.

Maryam ließ ihn nach ihren Bräuchen begraben. Nach Kriegsende besuchte sie das Haus ihrer Eltern in dem kleinen Dorf, das in Georgievsky umbenannt worden war.

Von der Vorkriegsatmosphäre war im Dorf nichts mehr zu spüren. Auch die Sprache der Dorfbewohner war ihr fremd.

Sie war nach Hause gegangen. Mary öffnete die Hoftür, betrat wie eine Fremde den Hof und begrüßte eine Frau, die sitzend die Wolle schlug.

Mary äußerte den Wunsch, das Elternhaus zu besuchen. Die neue Besitzerin des

Hauses verstand nicht, was Mary auf Aserbaidschanisch sagte.

Mary verließ voller Bedauern den Hof. Später erfuhr sie, dass die neuen Bewohner der Häuser und Dörfer Armenier waren, die aus den Bergdörfern der Region umgesiedelt worden waren.

Sie besuchte den Friedhof, die Gräber ihrer Eltern und ihres Mannes. Die Lage auf dem Friedhof war unangenehm. Aufgrund der Vernachlässigung gab es keine Spuren des einstigen Grüns. Für einen Moment fühlte sie sich wie mitten in einer trockenen Wüste. Mary wollte weinen, aber es kamen keine Tränen aus ihren Augen.

Trotz des herzlichen Umgangs mit den Bewohnern des Dorfes, in dem sie jetzt lebte, fühlte sie sich einsam. Von diesem Tag an hatte sie den Wunsch, in ihre historische Heimat Deutschland zu reisen.

* * *

Eineinhalb Jahre später wurde in der Nähe des Dorfes ein Lager für die deutschen

Gefangenen errichtet, die am Eisenbahnbau beteiligt waren, um das aus dem Daschkasan-Gebiet geförderte Erz nach Tiflis zu transportieren.

Bald breiteten sich unter den Gefangenen verschiedene Krankheiten aus.

Um die Ausbreitung von sich schnell ausbreitender Tuberkulose, Magen-, Darm- und anderen Krankheiten zu verhindern, war die Führung gezwungen, Maßnahmen zu ergreifen. Auf Anweisung des NKWD war die Bezirksverwaltung bereit, die Hilfe von Mary in Anspruch zu nehmen. Wie alle Einheimischen hasste Mary die Gefangenen. Im Gegensatz zu den Dorfbewohnern nannte Mary sie jedoch nie „Deutsche Gefangene", sondern „Faschisten".

* * *

Als der Vorsitzende des Dorfrats sagte, dass man für die kranken Gefangenen ihre Hilfe benötigt, stimmte Mary nicht zu: „Ich kann den Faschisten nicht dienen."

Natürlich war Mary einverstanden, nachdem sie wusste, dass es sich um eine

Anweisung der Vorgesetzten handelte.

Der Grund für den Hass der örtlichen Bevölkerung auf die Gefangenen war klar. Es gab kein Haus und keine Familie im Dorf, in dem nicht mindestens ein oder zwei Menschen im Krieg umgekommen waren. Zwar waren die Faschisten nicht für den Tod eines Angehörigen von Mary verantwortlich, jedoch für die Verbannung aller deutschen Familien.

Der Arzt des medizinischen Zentrums, Dr. Heinrich, hatte als Mensch und auch als Arzt einen guten Einfluss. Anfangs war seine Beziehung zu Mary formell, später entwickelte sich daraus eine freundschaftliche Beziehung. Die Tatsache, dass Heinrich ledig und Mary verwitwet war, gab ihnen die Chance, ein gemeinsames Leben aufzubauen, zumindest als die Gefangenen zurück nach Deutschland geschickt wurden.

Elke und Ilyas

Das Zusammenwohnen von Mary und Elke mit Sayad wurde auch von den Dorfbewohnern gut angenommen. Dank Marys Verhalten wurde Sayad respektvoller Dorfältester.

Neben Sayad besuchten auch die Bewohner ihr Haus, um Mary um Rat zu bitten. Zu Hause zeichnete sich eine Wiederbelebung ab.

Tage vergingen … Für Elke war Sayad ein echter Großvater. Sie waren so liebevoll miteinander, dass Sayad sich ein Leben ohne Elke nicht vorstellen konnte.

Das Mädchen verstand sich auch gut mit Dorfkindern. Und obwohl sie keine ausgezeichneten Noten hatte, zeigte sie gute Leistungen in der Schule.

Dank ihrer süßen Aussprache wurde sie zum Liebling der Dorfbewohner, insbesondere der Frauen. Die Dorfbewohner nannten sie „Sayads Enkelin", weil ihr Name nicht leicht zu verstehen war.

Eines Tages wurde Sayad krank. Da Mary nicht die nötigen Medikamente für ihn fand, bereitete sie mithilfe alter Landfrauen ein Heilmittel zu. Sayad weigerte sich jedoch, das Medikament einzunehmen. Mary bestand mehrmals darauf, und am Ende wurde sie wütend und verließ den Raum. Das alles geschah vor Elkes Augen. Diese behandelte ihre Mutter einige Tage lang widerwillig, weil Mary auf ihren Großvater Sayad wütend war.

Als Elke älter wurde, brachte Sayad ihr das Reiten bei. Sobald klar wurde, dass der Krieg mit einem Sieg enden würde, änderte sich die Atmosphäre im Dorf und es fanden verschiedene Veranstaltungen statt. Eine dieser Veranstaltungen war ein Reitwettbewerb für junge Leute einige Monate vor Sayads Tod.

Das einzige Mädchen unter den Reitern des Wettbewerbs, an dem auch die Nachbardörfer teilnahmen, war „Sayads Enkelin“. Ja, ja, Elke wurde dem Publikum als

„Sayads Enkelin“ vorgestellt. Sie gehörte nicht zu den Gewinnern, wurde aber mit einem Sonderpreis ausgezeichnet.

Während der Preisverleihung brach Sayad in Tränen aus. Es war der glücklichste Tag in seinem schweren Leben.

Leise sagte er zu sich: „Sayad, jetzt kannst du ruhig sterben“ und wischte sich die Tränen weg.

Der Gewinner des Wettbewerbs war ein Reiter namens Ilyas.

Als Sayad krank wurde, versuchte Ilyas, dessen Pferd mit Futter zu versorgen. Zusammen mit Elke brachte er das Pferd zum Weiden an den Rand des Dorfes.

Marys Verhalten ihm gegenüber war sehr gut.

Als Sayad starb, tat Ilyas alles, was er konnte, um die Beerdigung zu organisieren. So begann sich zwischen Elke und İlyas eine Beziehung zu entwickeln. Obwohl in beiden Herzen das erste Gefühl der Liebe erwachte, versuchte keiner von ihnen, seine Gefühle zu zeigen.

Das Schicksal hat eine ungeschriebene Regel: Wenn jemand kein Glück hat, gibt es nichts zu machen.

Auch das Liebesschicksal von Elke und Ilyas hatte eigene ungeschriebene Regeln. Am Tag seiner Abreise zum Militärdienst gestand er ihr endlich seine Liebe. Er kam frühmorgens zu Elke, um sich zu verabschieden. Bei der Verabschiedung sagte er: „Frau Mary, passen Sie gut auf Elke auf", und dann wandte er sich an Elke. „Wirst du auf mich warten?"

„Ja, ich werde auf dich warten", sagte Elke und umarmte Ilyas zum ersten Mal.

Mary verließ leise den Raum.

Jeder spürt die Trennung anders … manche Menschen mit Stunden, manche mit Tagen, manche mit Monaten, manche mit Jahren, manche mit Jahrzehnten …

Huseyn und Heinrich im Jahr 1946

Huseyn, der Vorsitzende des Dorfrats, der unter seinen Dorfbewohnern als „Lahme Soyun“ bekannt war, wachte wie üblich früher als alle anderen zu Hause auf. Da sie wusste, dass ihr Mann heute an einer Staatsveranstaltung teilnehmen wird, stand auch Telli, seine Frau, früh auf und bereitete etwas für seinen Weg zu.

Seine Kindheit hatte Huseyn in Yelenendorf verbracht. Das Waisenhaus, in dem er untergebracht war, und das Internat, in dem er lernte, befanden sich in der Nachbarschaft der Deutschen.

Da er in ständigem Kontakt mit deutschen Kindern stand, lernte er deren Sprache. Eine Zeit lang konnte er fließend Deutsch sprechen, da er im Handelshaus „Gebrüder Forer“ arbeitete. Aus diesem Grund wurde er sofort nach seiner Einberufung zum Militärdienst zum Geheimdienst geschickt.

Im August 1942 wurde er am Bein verletzt, als er auf Erkundungstour ging, um die Lage in Richtung Maikop zu ermitteln. Er blieb 22 Tage lang verwundet im Wald und konnte erst gegen Ende August, kurz bevor die Deutschen Maikop eroberten, in das Gebiet gelangen, in dem die sowjetische Armee war. Durch eine Kugel wurde seine Hand zerrissen und er verlor vier Zehen an seinem rechten Fuß.

Im Januar 1943 wurde er aus der Armee entlassen, nachdem die sowjetischen Siedlungen einen Gegenangriff im Nordkaukasus starteten. Da ihm die Möglichkeit zur landwirtschaftlichen Arbeit nicht mehr möglich war aufgrund seiner Versehrtheit, arbeitete er mehrere Monate als Angestellter im Dorfrat.

Als der Vorsitzende des Dorfrats an die Front ging, wurde Huseyn zum Vorsitzenden des Dorfrats ernannt. Mit seinen guten Managementfähigkeiten war er in kurzer Zeit die einflussreichste Person im Bezirk.

In den Nachkriegsjahren wurde er zu allen Veranstaltungen auf Bezirks- und

Regionalebene eingeladen.

* * *

Obwohl die Veranstaltung weit entfernt von Huseyns Dorf stattfand, wurde er auch zur Teilnahme eingeladen. Er nahm mit großer Begeisterung an allen Treffen nach dem Krieg teil.

Aus irgendeinem Grund fühlte er sich jedoch heute sehr unwohl, da er das Gefühl hatte, dass bei der heutigen Veranstaltung etwas passieren würde. Er konnte nicht einmal verstehen, warum er sich solche Sorgen machte. Aus der Sorge wurde allmählich Aufregung. Zunächst wollte er nicht zur Veranstaltung gehen. Dafür gab es auch objektive Gründe – ein langer Weg, ein verkrüppeltes Bein. Er entschloss sich jedoch, die verliehenen Medaillen auf der Brust zu tragen und zur heutigen Veranstaltung zu gehen, weil er wusste, dass auch Vertreter der Zentralbehörden daran teilnehmen werden.

* * *

„Telli, wenn meine Satteltasche fertig ist, gib sie mir. Fülle auch meine Wasserflasche und stelle sie in die Satteltasche. Ich weiß nicht warum, mir geht es überhaupt nicht gut“, sagte Huseyn.

„Wo tut es weh?“, fragte sie.

Huseyn: „Eigentlich habe ich keine Schmerzen. Aber ich fühle mich müde, als würde ich in einem Krankenbett liegen.“

„Du hast manchmal seltsame Krankheiten. Erinnerst du dich an die Schmerzen in deinem linken Arm am Ende des Krieges? Du sagtest, es sei, als würde jemand deinen Armknochen kratzen. Es gibt keinen Arzt oder Chiropraktiker, den du nicht aufgesucht hast. Am Ende stellte sich heraus, dass es deinem rechten Arm gut geht und die Schmerzen von selbst verschwunden sind. Bei Gott, es gibt keine Krankheit in dir. Wenn ja, würde ich es dir ansehen.“ Telli versuchte Huseyn zu trösten. „Ich hatte schon oft das Gefühl, dass du immer aufgeregt bist, wenn du deine Medaillen auf der Brust trägst.“

Huseyn: „Du hast Recht, ich kann die Medaillen nicht ohne Aufregung tragen."

Telli: „Möge Gott Hitler entehren. Der Krieg ist vorbei, die Wunden, die er geschlagen hat, schmerzen immer noch. Vielleicht ist dein verletztes Bein irgendwo angeschlagen, und deshalb schmerzt dein Herz, oder?"

„Nein, ich habe keine Schmerzen, mein Herz ist angespannt. Naja, mach dir keine Sorgen, es wird schon vorübergehen. Ist das Essen fertig?", fragte Huseyn.

„Söyun, wenn du dich unwohl fühlst, geh nicht. Gott bewahre, es ist ein langer Weg. Sie können die Eisenbahnstrecke auch ohne dich eröffnen." Telli sprach besorgt.

Huseyn: „Telli, was sagst du? Es werden auch Vertreter der Zentralbehörden aus Baku kommen. Vielleicht werden sie die Eingeladenen überprüfen und ich enttäusch sie mit meiner Abwesenheit. Ich muss unbedingt an der Eröffnung der Eisenbahnbrücke teilnehmen, die an unserem Dorf vorbeiführen wird", sagte er, hängte das

Zaumzeug seines Pferdes an eine Stange und setzte sich hinter einen Tisch im Hof. „Mal sehen, was passiert. Gib mir etwas zum Essen."

Telli stellte ihrem Mann das Frühstück vor hin: „In der einen Satteltasche stecken ein gekochtes Huhn, drei Eier und zwei Brötchen für dich, und den Käse habe ich die andere Satteltasche gelegt." Telli stellte die Satteltasche neben Huseyn.

Huseyn: "Telli, warum hast du so viel gepackt? Das ist keine lange Reise. Die Veranstaltung wird etwa 1 oder 2 Stunden dauern, und ich werde wahrscheinlich am Nachmittag zurück sein."

Telli: „Söyun, wenn du dort auf ein Geschäft stößt, kauf Seife. Außerdem kauf einen Lutscher für den Enkel. Das Kind hat nachts nicht geschlafen und darauf gewartet, um mir das zu sagen."

„Ich werde den Laden am Bahnhof ‚Gushgara' besuchen. Der liegt gerade auf dem Weg nach Baku-Tiflis. Dort kann man alles finden." Huseyn nahm den letzten Schluck seines Tees und sagte: „Es ist Zeit zu gehen", er stand auf.

Als Huseyn auf den Rücken des Pferdes steigen wollte, kam Telli auf ihn zu und reichte ihm seine neue Pelzmütze. Er nahm die Mütze, die seine Frau ihm geschenkt hatte, drehte sie in der Hand, und nachdem er sie genau betrachtet hatte, wollte sie sich die Mütze aufsetzen, aber was auch immer er dachte, er gab die Mütze seiner Frau zurück: "Das Wetter kann dort heiß sein", sagte er.

Telli: „Egal, wie heiß es ist. Der Ort, an den du gehst, ist der Bergfuß. Dann solltest du auch deine Schuhe wechseln."

Ohne etwas zu sagen, setzte Huseyn seine Mütze wieder auf und stieg auf den Rücken des Pferdes.

* * *

Als den Berg überquerte, sah er eine große Menschenmenge, die sich unten im

Tal am Veranstaltungsort versammelt hatte. Er schaute sich die Menschen dort genau an. Neben den Zivilisten erregten vor allem die in Reihen aufgereihten Soldaten seine Aufmerksamkeit.

Huseyn sprach zu sich: „Die Brücke und auch die Eisenbahn wurden von deutschen Gefangenen gebaut. Sie werden die Gefangenen wahrscheinlich nicht hierher einladen. Soweit ich weiß, gibt es keine Militäreinheit in der Nähe. Welchen Sinn hat es, hier so viele Soldaten für eine Veranstaltung zu versammeln?"

* * *

Er hatte gerade die Eisenbahnbrücke erreicht, als das Orchester einen Militärmarsch spielte. Er schaute sich um und erspähte die Soldaten nicht mehr, die er gesehen hatte.

Huseyn sprang von seinem Pferd und sagte zu einem alten Mann: „Als ich vom Berg herunterkam, sah ich viele Soldaten. Auch jetzt wird der Militärmarsch gespielt, aber ich sehe die Soldaten nicht mehr."

„Es waren nicht die Soldaten, sondern die deutschen Gefangenen. Die Gefangenen, die die Brücke gebaut haben", erklärte ihm der alte Mann.

Huseyn stellte seinen Fuß auf den Steigbügel und blickte in die Richtung, in der das Orchester erklang.

„Mach dir keine Sorgen, du wirst die Gefangenen sowieso nicht sehen können", sagte der alte Mann.

Huseyn: „Von oben betrachtet sahen sie aus wie ordentlich gekleidete Soldaten."

Alter Mann: „Sie haben Recht, den Gefangenen wurde heute eine Ruhepause eingeräumt. Sie waren auch ordentlich gekleidet. Nachdem der Zug die Brücke überquert hat, werden sie mit Essen und Trinken versorgt", sagte er und unterbrach seine Worte, ging auf die Brücke zu und fügte leise hinzu: „Sie brachten sie unter die Brücke."

„Warum haben sie die Gefangenen unter die Brücke gebracht?", fragte Huseyn überrascht.

„Ehrlich gesagt, weiß ich es auch nicht genau“, sagte leise der alte Mann.

Huseyn näherte sich der für das Ereignis vorbereiteten Tribüne und stieg ab. Er begrüßte Niyazi, den Vertreter des Bezirksrates.

Niyazi öffnete das Notizbuch unter ihrem Arm und begann, die Seiten durchzublättern.

Niyazi lächelte und sagte: „Hey, Onkel Söyun, ich habe mir schon vor langer Zeit Sorgen gemacht.”

„Worüber hast du dir Sorgen gemacht?“, fragte Huseyn.

Niyazi: „Mir wurde die Aufgabe übertragen, die Teilnahme der zur Veranstaltung eingeladenen Personen zu organisieren. Wie du weißt, muss jeder nach der Veranstaltung über die ihm übertragenen Arbeiten berichten. Auch dazwischen ist die 100-prozentige Teilnahme wichtig. Dies ist die Anweisung von oben.

Huseyn: „Weißt du, wenn Söyun es

versprochen hat, wird er auf jeden Fall kommen.

„Ich habe alle außer dir angekreuzt und mir Sorgen um dich gemacht, danke, du bist pünktlich gekommen”, sagte er und suchte in der Liste nach Huseyns Namen.

Niyazi begann mit langsamer Stimme die Namen auf der Liste vorzulesen: „Vorsitzender der Kolchose und Vorsitzender des Dorfsowjets von Khoshbulag, Zayliy, Amirvar, Hachagaya, Balchili, Gushchu …“ Die mehrseitige Liste erregte Huseyns Aufmerksamkeit.

„Haben Sie alle auf der Liste aufgeführten Personen zur Veranstaltung eingeladen?“, fragte er.

Niyazi: ”Was sagst du, Onkel Söyun. Kann nicht jeder eingeladen werden? Wir haben die Vertreter der Dörfer in der Nähe der Eisenbahn eingeladen. Und einige der Frontveteranen.” Er las die Liste leise weiter.

Er blätterte die nächste Seite um und

legte seinen Finger auf die Liste: „Huseynov Huseyn Hasan oglu. Onkel Söyun, ich habe dich auch erwähnt."

Er klemmte die Liste unter seinen Arm.

Huseyn war ein paar Schritte gegangen, als Niyazi sich an etwas erinnerte und ihm zurief: „Onkel Söyun, jedes Mal, wenn ich dich sehe, erinnere ich mich, dass du wie jemand aus der Liste aussiehst. Wie oft wollte ich fragen, ob Sie nicht verwandt sind? Aber wenn ich dich sehe, kann ich mich nicht an diese Person erinnern, und wenn ich ihn sehe, kann ich mich nicht an dich erinnern."

„Ich war ein verlassenes Kind, und meine Eltern sind unbekannt.“, sagte er und näherte sich Huseyn Niyazi. „Es ist nicht bekannt, wer mich mit diesen Namen nannte. Wem bin ich ähnlich? Wenn du dich erinnerst, lass es mich wissen."

Niyazi: „Ich habe so viel zu tun, dass ich nicht über andere Dinge nachdenken kann. Geh nicht zu weit, vielleicht könnte ich mich erinnern.“

Von ihrem Standort aus war die Eisenbahnbrücke deutlich zu sehen. Huseyn blickte aufmerksam auf die Brücke.

Es schien ihm, dass die Stützen der Brücke schmal und schwach waren. Das Orchester begann den nächsten Marsch zu spielen.

Huseyn beugte sich zu Niyazi und sagte: „Niyazi, findest du nicht, dass die Stützen der Brücke sehr schmal sind?“

Niyazi drehte sich um und blickte in Huseyns Gesicht. Aber ohne etwas zu sagen, begann er, langsam in sein Notizbuch zu schreiben.

Huseyn sah sich mehrmals um und wandte sich wieder an Niyazi: „Man kann nicht glauben, dass er die Last des Zuges bei diesem Gewicht tragen kann.”

Niyazi sprach leise: „Die Deutschen änderten nichts, was sie sagten, wurde umgesetzt.”

Huseyn: „Das bedeutet, dass die

Deutschen die Brücke selbst geplant und gebaut haben?

Niyazi: „Ja, sie haben es basierend auf ihren eigenen Projekten gebaut. Sie kommen, du musst dein Pferd zur Seite ziehen”, sagte er und zog sich selbst aus der Tribüne zurück.

Bald hielt neben der Tribüne ein M-1-Wagen, der mit den während des Krieges verwendeten Farbschemata bemalt war. Zwei der drei Personen, die aus dem Auto stiegen, gingen zur Tribüne.

„Niyazi, wer sind diese Gäste?“, fragte Huseyn und zeigte auf die Tribüne.

Niyazi flüsterte Huseyn ins Ohr: „Onkel Söyun, bitte zeige nicht mit deiner Hand auf jemanden. Den Gast aus Baku kenne ich nicht, der andere ist unser neuer Vorsitzender des Bezirksausschusses“.

* * *

Der neue Vorsitzende erklärte die

Veranstaltung für eröffnet und erteilte dem Gast aus Baku das Wort. Nachdem dieser über die Sorge der Sowjetregierung für das Volk unter der Führung Stalins gesprochen hatte, verließ der Gast die Tribüne.

* * *

Nicht lange danach war in der Ferne ein Zugpfiff zu hören. Alle drehten sich um und schauten in die Richtung des Geräusches. Allerdings war der Zug so weit entfernt, dass man ihn noch nicht sehen konnte.

Niyazi schaute ebenfalls in die Richtung, aus der der Zug kam, konnte den Zug aber nicht sehen und murmelte leise: „Wenn sie während des Unfalls unter dem Zug bleiben und sterben, dann wird alles deutlich klar.”

Huseyn war überrascht: „Haben sie die Gefangenen, die die Eisenbahn gebaut haben, auf dem Gleis aufgereiht, damit sie unter dem Zug bleiben?“

Niyazi: „Nicht auf dem Gleis, sondern unter der Brücke.”

„Warum?“, fragte Huseyn.

„Wegen der schmalen Stützen, die du siehst. Wenn sie dem Gewicht des Zuges nicht standhält, wird die Brücke einstürzen, und Gott weiß, wie viele am Leben bleiben. Es reicht nicht aus, dass sie unsere Soldaten an der Front töteten, sie begehen auch hier Sabotage.

Huseyn sah sich um und sagte leise: ”Wenn du wusstest, dass Sabotage betrieben wurde, müsstest du die Vorgesetzten rechtzeitig informieren. Wenn die Brücke einstürzt, werden sie auch Probleme haben. Wahrscheinlich wusste es das NKWD.

Niyazi: „Nicht nur das NKWD, sondern die meisten oben genannten Personen wissen von dieser Sabotage.“

Huseyn konnte seine Überraschung nicht verbergen: „Seltsamerweise wissen sie über Sabotage Bescheid, ergreifen aber nicht rechtzeitig Maßnahmen. Man kann es nicht glauben.”

„Es gibt nichts zu glauben. Die

Deutschen konnten unser Volk davon überzeugen, dass diese dünnen, schmalen Stützen die Last von zwei Zügen tragen würden. Sie vergleichen diese Brücke mit Varda“, sagte Niyazi sarkastisch. „Lass sie nun beweisen, was sie gesagt haben.”

Huseyn: „Ich habe nicht gehört, was das für eine Brücke ist?

„Die Deutschen bauten sie 1918 auf dem Gipfel des Berges in der Türkei. Sie soll 50 Meter über dem Tal liegen und dennoch dem Gewicht von Zügen standhalten.”
Niyazi beendete seine Rede und blickte in Huseyns Gesicht. Er sah seinen verstörten Blick:
„Obwohl sie Gefangene sind, habe ich Mitleid mit ihnen“, sagte er.

Huseyn wollte zur Brücke gehen, um die Gefangenen zu sehen. Es war nicht möglich, die Brücke mit dem Pferd zu erreichen, da sich entlang der Eisenbahn viele Menschen versammelten. Zudem war es für ihn schwierig, mit einem verkrüppelten Bein zu Fuß zu gehen, also stieg er auf sein Pferd und ritt an den Ort, an dem es nur wenige Menschen gab.

Obwohl die schmalen und dünnen Stützen von seinem Standpunkt aus deutlich zu sehen waren, war es ihm unmöglich, die unter der Brücke aufgereihten Gefangenen zu entdecken. Als sich der Zug näherte, wurden die Leute aufgeregt. Einige versuchten sogar, ihr Gesicht mit den Händen zu bedecken, um das schreckliche Ereignis, das passieren könnte, nicht zu sehen. Viele Menschen schauten mit gesenktem Kopf auf den Zug.

Damit das Geräusch des Zuges sein Pferd nicht aufschreckte, entfernte sich Huseyn von der Eisenbahn. Er sah nervös zu, wie der Zug die Brücke überquerte, versuchte aber, es sich nicht anmerken zu lassen. Er holte tief Luft, als die Lokomotive die Brücke überquerte. „Gott sei Dank, alles hat gut geklappt. Gut gemacht."

Als die letzte Bahn die Brücke überquert hatte, verließ der Wagen M-1 das Gebiet.

Jemand sagte „Hurra“ und klatschte.

Die Leute begannen auch zu klatschen.

Sobald der Zug über die Brücke gefahren war, warteten alle Leute gespannt darauf, dass die Gefangenen aus der Schlucht kämen. Niemand sollte jedoch die Gefangenen mit Jubel und Applaus begrüßen. Die Leute begannen, diese Hinweis der Veranstalter mit leiser Stimme aneinander weiterzugeben.

* * *

Da die meisten Menschen Faschisten ohnehin hassten, würden sie die Gefangenen wahrscheinlich nicht willkommen heißen. Doch war eine Arbeit vollbracht worden, die mit ihrer Genauigkeit alle überrascht hatte. Vielleicht könnte deshalb jemand ein gutes Wort über die Gefangenen sagen. Doch obwohl die Organisatoren aus Angst vor dem NKWD sicher waren, dass dies niemand tun würde, dachten sie darüber nach, sich gegen eine mögliche Haftung abzusichern.

Die Gruppen von Gefangenen, die zur Arbeit gingen und von der Arbeit zurückkehrten, wurden von der örtlichen Bevölkerung normalerweise mit Hass betrachtet, da sie sie für eine Herde wilder Menschen hielten. Der Hass der Menschen gegen die Gruppe der Gefangenen, die heute aus dem Tal kam, war jedoch nicht zu spüren. Auf jeden Fall war es das erste Mal, dass die meisten Menschen sie neugierig als Mitmenschen betrachteten.

Huseyn wusste von der Beteiligung deutscher Gefangener am Eisenbahnbau in seiner Region. Da die Eisenbahn weit von ihrem Dorf entfernt verlief, kamen ihre Freunde und Bekannten immer wieder aus Neugier in die Gegend, um sich die Gefangenen anzusehen. Obwohl sie Huseyn als Kriegsveteran mitnehmen wollten, weigerte er sich jedes Mal unter irgendeinem Vorwand, die Gefangenen zu besuchen.

Als Huseyn die erste Reihe der Gefangenen sah, fühlte er sich seltsam. Unter der Aufsicht der Soldaten begannen die Gefangenen in einer Reihe auf der anderen Seite der Bahnlinie in Richtung ihres Wohnortes zu laufen.

Er drehte den Kopf zur Seite und verneigte sich, um die Menge nicht zu sehen, die für die Taten der gedankenlosen, grausamen Führer, die Verbrechen gegen die Menschlichkeit begingen, „verantwortlich“ war.

Alle deutschen Gefangenen hatten den Kopf gesenkt. Nur der erste Gefangene der Gruppe ging mit erhobenem Kopf. Sein Vorgehen verärgerte einige der dort Versammelten.

„Schämt er sich nicht? Es reicht nicht, Menschen zu töten, man läuft auch noch mit erhobenem Kopf herum”, sagte jemand und zeigte auf diesen Gefangenen.

„Er ist ein Faschist, wenn er sich schämt, was hat er dann in unserem Land gemacht? Wegen diesen Schurken gibt es in unserem Dorf nur noch wenige Männer.”

Jemand anderer spuckte diesen Gefangenen an.

Das weckte Huseyns Interesse. Er hob den Kopf und begann, sich die Gruppe genauer anzusehen. Er sah, dass die Gefangenen, die in den letzten Reihen gingen, medizinisch-hygienische Verbände trugen.

Derjenige, der allein in der Mitte ging, war wahrscheinlich ihr Anführer. „Auf jeden Fall waren die Leute in der Sanitätsabteilung nicht Waffen in der Hand damit beschäftigt, die Gegner zu töten, sie halfen ihren eigenen Verwundeten“, dachte er.

Als die medizinisch-sanitäre Linie Hüseyn erreichte, schüttelte das grasfressende Pferd den Kopf und wieherte.

Viele der Gefangenen drehten sich um und schauten in seine Richtung. Auch der deutsche Gefangene, der mit erhobenem Kopf vor der Hauptgruppe ging, blickte auf das Pferd. Huseyn wandte sich unwillkürlich den Gefangenen zu. Er sah deutlich das vernarbte Gesicht des Gefangenen, der mitten in der Reihe ging.

Nachdem die letzte Reihe der Gefangenen vorbei war, begannen die Menschen zu laufen. Er zügelte sein Pferd und ritt zur

Tribüne, um sich von Niyazi zu verabschieden.

Als er Niyazi erreichte, blieb er plötzlich stehen: „Wer war das da allein in der Mitte? Es schien, dass es Heinrich war. Aber viele Soldaten können während des Krieges Narben im Gesicht haben., und dennoch …”, dachte er und versuchte, sich an Heinrichs Gesicht zu erinnern.

Nachdem er eine Weile nachgedacht hatte, drehte er schnell den Kopf seines Pferdes und ritt zu den Gefangenen, die auf der anderen Seite der Eisenbahn gingen.

Huseyn sah das Gesicht des vernarbten Gefangenen und versuchte zu erkennen, ob er Heinrich vor sich hatte oder nicht. Der einzige Gefangene in der Mitte ging wie die anderen Gefangenen mit gesenktem Kopf, sodass Huseyn ihn nicht genau sehen konnte.

„Heinrich, Heinrich“, rief er zweimal. Keiner der Gefangenen reagierte auf Huseyns Stimme und keiner blickte zu ihm.

„Gott weiß, wie viele von ihnen Heinrich

heißen", dachte er und rief erneut: „Heinrich, Heinrich."

„Geh weg. Störe nicht." Eine der Wachen bedeutete ihm, umzukehren.

Huseyn ritt neben den Gefangenen und sagte mehrmals laut: „Heinrich, ich bin Huseyn, du, Heinrich! Heinrich, ich bin Huseyn!"

Keiner der Gefangenen reagierte auf Huseyn.

„Geh nach Hause. Störe nicht." Der Wachmann war wütend auf Huseyn.

Huseyn kehrte wieder um, zog das Zaumzeug und hielt sein Pferd an. Er drehte blickte zurück. Die Menschen beobachteten Huseyn mit Überraschung und Interesse. Als er sah, dass von den Gefangenen keine Reaktion kam, senkte er den Kopf wie ein schuldiger Mann.

„Ein Faschist kann kein Freund sein", beschwerte sich jemand.

Ohne den Kopf zu heben, wollte Huseyn davonreiten. Aber Niyazi packte das Zaumzeug seines Pferdes und hielt es fest.

„Onkel Söyun, kein Grund zur Sorge. Sie wissen nicht, was mit ihnen passiert ist. Aber ich weiß alles. Ich weiß sogar, wie der deutsche Arzt Sie vor dem Tod gerettet hat." Er zeigte mit dem Kopf auf die Menschen um ihn herum.

„Wer hat dir das erzählt?", fragte Huseyn widerwillig.

Niyazi: „Eigentlich darf ich nicht sagen, woher ich das weiß, aber ich werde es dir trotzdem sagen", flüsterte er leise mit einer Stimme, die nur Huseyn hören konnte: „Ich habe in deiner persönlichen Krankenakte gelesen."

Beide drehten sich um und schauten die Gefangenen an, die von ihnen getrennt auf der anderen Seite der Bahnlinie liefen.

Plötzlich machte Niyazi ein paar Schritte auf die Gefangenen zu und legte eine Hand an sein Ohr. Sobald Huseyn sich ihm näherte, legte er seinen Finger an seine Lippen und signalisierte „Sag nichts." Er lauschte einen Moment lang der Stimme, die von der Seite der Gefangenen herüberwehte, und wandte sich dann an Huseyn.

„Onkel Söyun, es scheint, dass ein Deutscher dich benannt hat!"

Bald begannen alle Gefangenen, die Worte eines oder zweier Gefangener laut zu wiederholen, und so verbreiteten sich ihre Stimmen:

„DU BIST SÖYUN, ICH BIN HEINRICH! HEINRICH UND SÖYUN SIND GUTE JUNGS! DER KRIEG WIRD VERSCHWINDEN, WIR WERDEN FREUNDE!

DU BIST SÖYUN, ICH BIN HEINRICH! HEINRICH UND SÖYUN SIND GUTE JUNGS! DER KRIEG WIRD VERSCHWINDEN, WIR WERDEN FREUNDE!

Huseyn ritt schnell auf seinem Pferd zu den Gefangenen. Als sie ihn kommen sahen, begannen die Gefangenen, Heinrichs Worte noch lauter und freudiger zu wiederholen. Er erreichte Heinrich, tatsächlich, Heinrich. Heinrich nahm seinen Hut ab und begann mit der Hand in Richtung Huseyns zu winken und sagte: „Söyun, Söyun."

„Söyun, das darf man nicht. Gehen Sie zurück, kommen Sie zum Alabashli-Kommandanten und treffen Sie Heinrich dort."

Nach den Worten des Leutnants, der die Gefangenen begleitete, zog Huseyn den Kopf des Pferdes zurück und stoppte es.

* * *

Nachdem er eine Weile hinter die Gefangenen hergeblickt hatte, kehrte er zu den Leuten zurück, die ihn interessiert beobachteten. Die bei der Veranstaltung versammelten Personen begannen, das Gebiet zu verlassen, beobachteten Huseyn jedoch interessiert. Als er die Tribüne erreichte, stieg er ab.

Niyazi war mit seiner Arbeit beschäftigt, im Gegensatz zu anderen schenkte er Huseyn keine Aufmerksamkeit und kein

Interesse.

„Sollte ich nicht einen Bericht über die Veranstaltung geben, würden wir uns zusammensetzen und beraten“, sagte Niyazi mit leiser Stimme, ohne den Kopf zu heben, und machte weiter mit seiner Arbeit.

„Ist der Bahnhof Alabashli weit entfernt?“, fragte Huseyn.

„Schau genau entlang der Bahnstrecke hinunter. Dort ist das Dorf Könüll. Am Ende dieses Dorfes liegt der Bahnhof Alabashlı”, zeigte er mit der Hand.

Huseyn schaute in die Richtung, in die Niyazi zeigte, und geriet in Gedanken. Für einen Moment erinnerte er sich daran, wie der deutsche Offizier sich um ihn gekümmert hatte, als er verwundet gewesen war. Heinrich hatte sich überhaupt nicht verändert. Das Einzige, was sich geändert hat, war, dass seine ordentliche Offiziersuniform durch die Häftlingskleidung ersetzt worden war.

„Es wird nicht empfohlen, heute dorthin

zu gehen." Niyazi sprach mit leiser Stimme.

Huseyn ließ die Richtung des Dorfes nicht aus den Augen und drehte seinen Kopf leicht in Richtung Niyazi.

„Es ist ratsam, nach Hause zurückzukehren. Du kannst auch morgen nach Alabashli gehen."

Niyazi legte die Papiere unter seinen Arm.

Huseyn fragte: „Warum ist es für mich nicht ratsam, heute zu gehen?"

Niyazi: „Der erste Grund ist, dass es ein langer Weg ist. Wenn du jetzt gehst, wann wirst du zurück sein? Es wird spät. Du weißt selbst, dass es in den Wäldern Wolfsrudel gibt. Jeder weiß, dass es in den Bergen Bären gibt."

Huseyn: „Über Wolf und Bär zu reden, ist Unsinn. Wenn es keinen anderen Grund gibt, muss ich heute nach Alabashlı gehen. Es ist wahr, dass die Frau sich zu Hause Sorgen machen wird, aber das ist in Ordnung, ich werde alles erklären, wenn ich zurückkomme."

„Du hast selbst gesagt, dass die Menschen zu Hause besorgt sein werden. Das ist einer der Gründe." Niyazi sah sich um und zog Huseyn von den Leuten weg. Da er sah, dass Huseyn nicht zuhörte, versuchte er, freundlich zu erklären: „Onkel Söyun, wahrscheinlich hat das NKWD von dem heutigen Vorfall erfahren. Vielleicht warten sie bereits in Alabashlı auf dich. Im besten Fall holt dich das NKWD in ein oder zwei Tagen ab. Wer weiß, vielleicht sitzen sie dort und warten schon. Es ist besser, jetzt nach Hause zurückzukehren und sich an die Ereignisse während des Krieges zu erinnern, damit die Erklärung nicht vom Bericht in der Militäreinheit abweicht."

„Vielen Dank für deinen Rat, Niyazi. Den Bericht im Militärteil habe ich längst vergessen", sagte Hüseyn und träumte weiter.

Niyazi sprach schnell: „Mach nichts, du hast nicht gelogen. Du hast geschrieben, was dir passiert ist. Jetzt bist du aufgeregt. Es wird dir schwerfallen, dich an das zu erinnern, was du geschrieben hast. Wenn du dich zu Hause ausruhst, wirst du dich nach und nach daran erinnern. Gott bewahre, wenn NKWD dich aufgeregt sieht, du weißt, was die machen können."

„Obwohl ich den Bericht vergessen hatte, verbrachte ich vier Monate im Keller des NKWD und wiederholte den ganzen Tag, was mir im Wald passiert war. Ich habe auf die Fragen aller 5 İnspektoren die gleichen Antworten geschrieben."

„Wurdest du während des Verhörs im Keller gefoltert?", fragte Niyazi leise.

„Nein, um ehrlich zu sein, sie haben mir keine Schwierigkeiten gemacht, vielleicht weil meine Wunde offensichtlich war. Der letzte Inspektor war Hauptmann Sergejew. Er sagte mir einmal, dass ich meine Erklärungen wie ein echter Spion schreiben würde."

„Wie? Was bedeutet ein echter Spion?", fragte Niyazi überrascht.

„Mit anderen Worten, alle meine Erklärungen waren genau gleich. Das erzählte er mir bei einem Waldbesuch mit Heinrich. Nach dem Rückzug der Faschisten wurde der Ort inspiziert. Dank Sergejew hat man mich aus dem Keller des NKWD geholt. Er war ein gerechter Mensch. Wenn er nicht gewesen wäre, Gott weiß, dann wäre ich jetzt in einem Wald Sibiriens, wie andere Häftlinge." Huseyn beendete seine Rede und wollte auf sein Pferd steigen.

„Möge Gott dich beschützen. Finde zuerst den Vorsitzenden des Dorfrats von Alabashli und grüße ihn in meinem Namen. Befolge seinen Rat. Wenn du ihn nicht findest, versuch, den Vorsitzenden der Kolchose zu treffen. Beide sind Kriegsveteranen. Es stimmt, ich habe kein so enges Verhältnis zu ihnen, aber sie waren auch an der Front", sagte Niyazi und half ihm, auf das Pferd zu steigen.

„Danke für deinen Rat, Niyazi! Und vielen Dank für die Einladung zur Veranstaltung!"

* * *

Der Bahnhof Alabashli befand sich in der

Nähe der Kreuzung der Hauptbahnstrecke Baku-Tiflis in Richtung Dashkasan. Huseyn ritt bis zum Bahnübergang. Sobald er die Kreuzung erreichte, hielt Huseyn das Pferd an. Er stieg ohne Eile ab. „Es ist ein langer Weg. Auch das arme Tier soll sich ausruhen", dachte er und hielt den Strick in seiner Hand, damit das Pferd grasen konnte.

Unterwegs versuchte er, sich an die Tage zu erinnern, die er mit Heinrich verbracht hatte: Als er ihn als Feind akzeptierte und ihn als Retter zurückließ. Und nun musste er herausfinden, dass es möglich sein würde, ihn zu treffen. Er musste eine Antwort auf die Frage „Was und wo soll ich anfangen?" finden. Heinrich war kein Dorfbewohner aus Alabashlı, sondern ein deutscher Sklave. Um sich mit ihm zu treffen, musste er von der Führung des Kommandanten wahrscheinlich die Erlaubnis haben. Nach ein paar Minuten stieg Huseyn auf sein Pferd und galoppierte in Richtung Alabashli-Station.

* * *

Auf der rechten Seite der Eisenbahnlinie, unweit des Bahnhofs Alabashli, erregte das Lager, in dem die Gefangenen untergebracht waren, seine Aufmerksamkeit. Als er es erreicht hatte, bremste er ab und das Pferd wurde langsamer. Er sah sich um. Obwohl das Lager mit Stacheldraht umzäunt war, war es nicht gut bewacht. Er hatte gehört, dass solche Lager normalerweise streng bewacht würden. Huseyn war überrascht über die hohe Wahrscheinlichkeit, dass ein deutscher Gefangener das Lager Alabashli ohne große Hindernisse verlassen könnte.

Tatsächlich lag es Huseyn am Herzen, dass die Lagersicherheit nicht sehr gut organisiert war. Er ritt er mit seinem Pferd direkt zum Eingang des Lagers.

Im Gegensatz zu den Seitenteilen des Lagers wurde der Eingang streng bewacht. An einem nicht sehr hohen Zaun mit Stacheldraht war ein zusätzliches Netz angebracht. Auf der rechten und linken Seite des Lagers stand jeweils auf einer kleinen Eisenabdeckung, die an einem Zaun befestigt war, ein

Soldat mit einem Gewehr.

Huseyn band sein Pferd an einen Baum und näherte sich dem Eingang des Lagers. Er ging auf den Wachmann zu und sagte, er wolle den Leiter des Lagers treffen.

Der Wachmann betrachtete die Medaillen auf Huseyns Brust und sagte höflich: „Onkel, der Leiter des Lagers ist von der heutigen Veranstaltung noch nicht zurückgekehrt", dabei blickte er auf seine Uhr. „Ich glaube nicht, dass er heute zurückkommt."

Wer kann kontaktiert werden, um einen deutschen Kriegsgefangenen im Lager zu treffen? Vielleicht sollte ich den Befehlshaber des Militärs kontaktieren?", fragte Huseyn.

„Solche Probleme können nur vom Leiter des Lagers gelöst werden. Militärangehörige verfügen nicht über solche Befugnisse. Es ist besser, wenn Sie morgen früh kommen, der Chef ist jeden Tag um 8 Uhr bei der Arbeit.

Huseyn kehrte mit Bedauern zurück. Es wurde bereits dunkel. Er überlegte, was er tun sollte. Es war schwierig, nach Hause zurückzukehren. Ein langer Weg, sich im Dunkeln im Wald zu verirren, die Gefahr, hungrigen Wölfen zu begegnen …

Nachdenklich wollte er gerade auf den Rücken des Pferdes steigen, als ihm Niyazis Rat einfiel. Nach einigem Überlegen beschloss er, sich an den Vorsitzenden des Dorfrats zu wenden. Er stellte seinen Fuß auf den Steigbügel und stieg auf den Rücken des Pferdes. Nachdem er ein wenig geritten war, zog er das Pferd am Zaum und wandte sein Gesicht dem Lager zu.

Er schaute zum Lager. In der Abenddämmerung beobachtete er, wie die Gefangenen durch die Gegend liefen. „Vielleicht ist einer von ihnen Henrich“, dachte er. Jedes Mal, wenn er vor den NKWD-Inspektoren ausgesagt hatte, hatte er sich er sich Heinrichs Gesicht vorgestellt. So hatten sich dessen Gesichtszüge ein Leben lang in sein Gehirn eingeprägt.

Lustlos überlegte er, wohin er nun reiten solle. Er entschied, dass Niyazis Rat akzeptabler sei. Er stieg vom Pferd und wollte den Wachmann fragen, in welchem Bezirk der Gemeinderat seinen Sitz habe. Zu diesem Zeitpunkt sah er eine junge Frau aus dem Eingang des Lagers kommen und auf ihn zugehen. Es kam ihm vor, als ob die Frau es eilig habe, ihm etwas zu sagen. Er war aufgeregt, ein hoffnungsvolles Gefühl stieg in seinem Herzen auf, Heinrich zu treffen.

Die junge Frau sagte mit sanfter Stimme nur „Guten Abend" und setzte ihren Weg fort. Dieses „Guten Abend" war anders als das, was er von anderen Frauen sonst hörte.

Huseyn drehte den Kopf des Pferdes in Richtung der jungen Frau. „Kann ich dich etwas fragen?", fragte er.
Die Frau blieb stehen und drehte sich höflich um: „Bitte, Onkel, frag", sagte sie.

„Ist die Kolchose näher oder der Dorfrat?"

„Onkel, die Verwaltung der Kolchose

befindet sich oben im Dorf. Aber das Gebäude des Dorfrates …“ Die Frau drehte sich um und zeigte mit ihrer Hand auf ein Haus, aus dessen Schornstein Rauch aufstieg. „Der Dorfrat liegt ganz in der Nähe dieses Hauses. Drehen Sie sich nicht um, sondern gehen Sie am Gleis entlang, Sie kommen geradeaus hin.”

Diese Frau war das deutsche Mädchen Mary, die Lehrerin für die aserbaidschanische Sprache in der Schule, Krankenschwester und auch der Liebling der Dorfbewohner!

Als er vor dem Dorfrat ankam, fiel ihm als Erstes der dort geparkte Personenwagen auf: ”Wenn es ein Auto gibt, dann ist der sowjetische Vorsitzende hier”, dachte er und stieg von seinem Pferd. Er band sein Pferd an einen Baum und ging zum Dorfrat. Eine Weile blickte er das Gebäude an. Es war ein geschmackvoll im echten deutschen Stil und aus weißem Stein erbautes Haus.

* * *

Als er das Gebäude betrat, öffnete sich die Tür zum Büro des Vorsitzenden. Der Vorsitzende begrüßte Huseyn als alten Bekannten.

„Huseyn, herzlich willkommen!!“ Er empfing ihn freundlich. „Ich bin der Vorsitzende dieses Dorfrates. Mein Name ist Galib. Kommen Sie ins herein“, sagte er und zeigte auf sein Büro.

Huseyn: „Vielen Dank, Galib!“, sagte er und folgte dem Vorsitzenden ins Büro.

Im Büro war auch eine Person in gepflegter, moderner Kleidung. Als Galib und Huseyn den Raum betraten, stand der Mann auf und begrüßte Huseyn.

„Das ist Rasim, er ist Inspektor des Bezirksausschusses. Herr Rasim wurde uns vom Bezirkskomitee zugeteilt, weil es außerhalb des Dorfes ein faschistisches Lager gibt”, sagte Gabil. Nachdem er diese Person vorgestellt hatte, stellte er auch Huseyn vor: „Huseyn, Vorsitzender des Dorfrats im Bezirk Dashkasan.”

Tatsächlich handelte es sich bei der Person, die Gabil als Inspektor vorstellte, um einen NKWD-Angestellten, der in das Dorf geschickt worden war, um Huseyn unter Kontrolle zu halten.

An diesem Tag musste Huseyn die Nacht im Gebäude des Dorfrats verbringen. Schon in der Frühe hatte man ihm ein dreiminütiges Treffen mit Heinrich in Anwesenheit des Vorsitzenden des Dorfrats und des Inspektors des NKWD erlaubt.

Während des Treffens gab es kein weiteres Gespräch außer der Worte „Hallo Heinrich“ und „Hallo, Huseyn“, die sie beim Umarmen sagten.

Nach drei Minuten nahm der Wächter des Lagers Huseyn höflich am Arm und führte ihn aus dem Raum.

* * *

Huseyn atmete tief durch, als er das Lager verließ. Der Vorsitzende des Dorfrats und der Inspektor des NKWD hatten eindeutig das Gefühl, dass Huseyn besorgt war.

Der NKWD-Inspektor: „Onkel Huseyn, machen Sie sich keine Sorgen. Ehrlich gesagt hatte ich kein Vertrauen, dass Sie einen Termin bekommen würden. Die Situation hätte anders sein können. Aber danke an die ehrlichen Mitarbeiter des Militärkommissariats. In der Nacht konnten sie der Geschäftsführung die notwendigen Unterlagen über Sie übergeben. Es wurde auch bestätigt, dass Heinrich an keinen militärischen Operationen teilgenommen hatte. Oder …“, sagte er und sah den Vorsitzenden des Dorfrats an.

Galib bestätigte, was er gesagt hatte: „Er hat Recht, wir waren sehr besorgt. Huseyn, du bist eine Weile eingeschlafen. Aber wir konnten nicht einmal die Augen schließen. Wir haben die ganze Nacht telefoniert. Aber Gott sei Dank, wir haben das geschafft“, sagte er.

„Kennen Sie die Entscheidung Nr. 1263?“, fragte Rasim Huseyn.

„Was für eine Entscheidung ist es?“, sagte Huseyn.

„Mittlerweile hatte auch der Arzt Glück. Am 18. Juni verabschiedete der Ministerrat einen Beschluss über die Rückführung kranker Gefangener", sagte Rasim.

Huseyn fragte: „Was ist eine Rückführung?“

„Mit anderen Worten, es ist, als würde man kranken Gefangenen vergeben. Auch wenn Herr Heinrich nicht krank ist, kann er aufgrund dieser Entscheidung aus der Gefangenschaft entlassen werden. Es ist notwendig, bei der Verwaltung der Republik einen schriftlichen Antrag auf Rückführung des Arztes zu stellen. Ich glaube, dass eine positive Antwort gegeben wird", sagte Rasim selbstbewusst.

Galib bestätigte, was Rasim sagte: "Es ist eine vernünftige Idee, Huseyn! Rasim möchte Heinrich morgen treffen, bestimmte Fragen klären und Ihnen beim Verfassen einer Bewerbung helfen. Selbstverständlich mit Ihrem Einverständnis und Ihrer Teilnahme."

Huseyn sprach leise: „Herr Rasim, kann ich eine Bewerbung schreiben und darum bitten, dass Heinrich nach seiner Freilassung mindestens einen Monat lang als Gast in meinem Haus bleibt?“

Galib fragte überrascht: „Hey Söyun, was machst du? Willst du den Deutschen einen Monat lang in deinem Haus behalten?“

„Mein Herz schmerzte, als ich Heinrich sah. Er verlor an Gewicht. Ich sage, vielleicht kümmere ich mich einen Monat lang gut um ihn, dann wird er wieder zum Leben erwachen”, sagte Huseyn und lächelte. „Zumindest damit seine Eltern ihn erkennen können, wenn er nach Hause kommt.“

Rasim rief: „Onkel Huseyn, wir schreiben den Antrag in der von Ihnen gewünschten Reihenfolge. Wenn es um Heinrich geht, machen Sie sich keine Sorgen. Die Eltern werden ihr Kind auf jeden Fall erkennen. Hauptsache, seine Frau erkennt ihn“, sagte er und lachte.

Huseyn sagte traurig: „Der Arme hat

keine Frau …“

* * *

Zwei Tage später schickte Heinrich mithilfe von Huseyn den Antrag an die Verwaltung der Republik.

Die Antwort auf Huseyns Antrag ließ nicht lange auf sich warten. Es wurde eine positive Entscheidung getroffen, Heinrich aus der Gefangenschaft zu entlassen, und auch Huseyns Bitte wurde berücksichtigt.

Heinrich richtete mit Unterstützung von Rasim und unter Beteiligung von Mary eine schriftliche Anfrage an die Führung der Republik. Auch seine Bewerbung erhielt eine positive Resonanz. Dem Beschluss zufolge könnte er zwei Wochen außerhalb des Lagers leben und die Familienprobleme lösen.

Bald verbreitete sich im ganzen Dorf die Nachricht, dass der Lagerarzt keine einzige Kugel auf die sowjetischen Soldaten abgefeuert habe. Die Regierung ließe ihn frei. Dieser Deutsche wird unsere Lehrerin mit nach Deutschland nehmen.

Wegen Mary, dem „Dorfliebling“, freuten sich die meisten Dorfbewohner über diese Nachricht. Viele bedauerten aber auch den Weggang Marys.

Aber NKWD ist NKWD. Sie haben immer ihre eigenen Pläne.

Elke und Mirza

Mirza interessierte sich seit seiner Kindheit für das Erlernen von Sprachen. In der Nähe ihres Hauses in Shamkir befand sich eine kleine Militärstadt. Seit seiner Kindheit spielte er mit den Kindern von Militäroffizieren.

In der Mittelschule bekam er in stets ausgezeichnete Noten. In der Schule, die er besuchte, lernte er die armenische Sprache, weil er ein gutes Verhältnis zu den Kindern der Armenier hatte, die in ihren Dörfern lebten und in die Häuser deutscher Verwandter umgesiedelt worden waren, die man während des Krieges deportiert hatte.

Mehdi, der von seinen Nachbarn „Nemes“ (Deutscher) genannt wurde, weckte in ihm das Interesse, die deutsche Sprache zu lernen. Mehdi sprach gut Russisch und hatte fast drei Jahre in Gefangenschaft in Deutschland gelebt. Sein Leben in Gefangenschaft hatte sich von dem anderer sowjetischer Soldaten unterschieden.

Obwohl Mehdi jetzt mithilfe eines Gehstocks lief, war er vor dem Krieg ein dunkelhaariger, schlanker, gutaussehender Junge gewesen. Ihm zufolge hatte er kein einziges Mal die Möglichkeit gehabt, auf die Deutschen zu schießen. In den ersten Kriegstagen war er in deutsche Kriegsgefangenschaft geraten und nach wenigen Tagen zusammen mit anderen Gefangenen nach Deutschland verschleppt worden, um dort landwirtschaftliche Arbeiten zu verrichten.

Das Verhalten der Deutschen gegenüber den Gefangenen war zunächst nicht schlecht gewesen. Ein deutscher Bauer heuerte Mehdi mit Zustimmung des Militärs an, damit der auf seiner Farm arbeiten sollte. Er versuchte, seine Aufgaben pünktlich zu erledigen. Nach einiger Zeit gelang es dem Bauern, ihn aus dem Kriegsgefangenenlager herauszuholen, und Mehdi lebte auf der Farm.

Nach dem Krieg, nachdem er in Sibirien in der Verbannung gelebt hatte, wurde er freigesprochen und kehrte in sein

Heimatdorf zurück.

Mehdi war einer der Menschen, die sich für die Geschichte seines Dorfes interessierten. In den Treffen verglich er immer das Erscheinungsbild des Dorfes vor dem Krieg mit dem von heute. Damals beschuldigte er alle armenisch-muslimischen Einwohner des Dorfes, die von den Deutschen gepflanzten Birnbäume gefällt, die Wasserkanäle zerstört und den aus Kiefern bestehenden Erholungspark zerstört zu haben. Er forderte die Menschen auf, ihre Dörfer mit deutschen Augen zu betrachten.

Mehdi spürte Mirzas Interesse und seine Fähigkeit, Sprachen zu lernen, brachte ihm sowohl Russisch als auch Deutsch bei und genoss es, mit ihm auf Deutsch oder Russisch zu sprechen.

Aus diesem Grund erhielt er den Spitznamen „Nemes-Deutscher."

Im Jahr 1961 ... Sommermonate

Er wartete ungeduldig auf den nächsten Einberufungs- und Demobilisierungsbefehl des Verteidigungsministers der UdSSR im Herbst. Der Dienst in der Militäreinheit um Berlin bereitete Mirza keine großen Schwierigkeiten. Im Gegenteil: Während seines Militärdienstes konnte er die deutsche Sprache gut erlernen. Allerdings war es den Soldaten strengstens verboten, die Militäreinheit zu verlassen. Vor seiner Einberufung zum Militärdienst konnte Mirza gut oder schlecht Deutsch sprechen. Vielleicht schickte ihn das Militärkommissariat deshalb zum Dienst in der Militäreinheit der UdSSR in Deutschland.

Da er über eine schöne Handschrift verfügte, war er bereits in den ersten Tagen seines Militärdienstes an der Gestaltung von „Lenins Zimmer“ beteiligt. Er liebte es zu lesen. Er las fast alle Zeitungen und Zeitschriften der Militäreinheit. Beamte der politischen Abteilung versuchten, seine Fähigkeiten bei Vorträgen einzusetzen.

Sogar der Stellvertreter der Militärabteilung für politische Angelegenheiten lud Mirza oft ein, die Zusammenfassungen der in Berlin erscheinenden Tageszeitungen einzusehen.

Mirzas Militärdienst an der Grenze

Es war Mitte Juli. Mirza wurde zu einem großen Offizier gerufen, der stellvertretender Kommandeur für politische Angelegenheiten war. Er lud ihn freundlicherweise ein und schloss die Tür hinter sich. Er bedeutete ihm, sich zu setzen, erkundigte sich zuerst nach der Situation seiner Eltern im Heimatland und ging dann zum Hauptthema über. „Ich möchte mit dir nicht als Offizier und Soldat sprechen, sondern als dein großer Bruder, als Kommunist. Die Lage an der Grenze ist sehr ernst. Deutsche Soldaten brauchen Hilfe zum Schutz der Grenze. Das Kommando hat dir als vorbildlichem Soldaten großes Vertrauen entgegengebracht“, sagte der Major und stand auf.

Mirza sagte, ohne nachzudenken: „Ich bin bereit, alle Befehle und Anweisungen des Kommandos zu befolgen.“

Fast flüsternd sagte der Major: „Deutsche Soldaten schaffen Bedingungen für diejenigen, die die Grenze überqueren wollen, anstatt sie zu verhindern. Daher wurde beschlossen, die Dienste sowjetischer Soldaten zu nutzen, um die Grenze zu kontrollieren. Sie müssen frühmorgens zum Ausbildungszentrum der Garnison gehen. Erfahrene Soldaten und Offiziere wie du, aus anderen Militäreinheiten, werden ausgebildet. Er legte Mirza die Hand auf die Schulter und fragte: Verstehst du die Verantwortung?“

„Ich verstehe”, sagte er.

„Das Kommando hofft, dass du, wie in allen Bereichen deines Dienstes, auch diese Aufgabe wohlverdient erfüllst. Morgen wird deine Kandidatur für die Mitgliedschaft in der Kommunistischen Partei besprochen”, sagte der Major, führte ihn zur Tür und reichte ihm zum Abschied die Hand.

Mirza: „Sie können davon überzeugt sein, dass ich meine Pflicht ordnungsgemäß erfüllen werde.“

Der Major mit leiser Stimme: „Ja, noch

einmal. Vergiss nicht, dass unser Gespräch ein Militärgeheimnis ist.”

Mirza: "Herr Major, alles klar. Darf ich gehen?“

* * *

Im Ausbildungszentrum der Garnison versammelte sich eine große Zahl deutschsprachiger sowjetischer Soldaten. Er führte ein allgemeines Gespräch mit mehreren Soldaten mit dem Ziel, einen Landsmann unter ihnen zu finden. Er war sehr verärgert, weil er keinen traf.

Mehrere Tage lang wurden sowjetische Soldaten darin geschult, die Grenze zu bewachen. In der Ausbildung wurde den deutschen Offizieren unter der Leitung eines sowjetischen Offiziers beigebracht, wie sie aus verschiedenen Grenzsituationen herauskämen und mit denen umgehen, die versuchen, die Grenze zu verletzen.

Am letzten Tag der Ausbildung gab der sowjetische Offizier den Soldaten eine letzte Anweisung: „Ab morgen werden Sie gemeinsam mit deutschen Soldaten die Grenze bewachen. Es ist nicht bekannt, wie lange dies dauern wird. Ihre Hauptaufgabe besteht darin, die deutschen Soldaten sozusagen zu kontrollieren, damit sie die ortsansässigen Deutschen nicht nach Westdeutschland lassen. Es ist Ihnen verboten, jemand anderem als mir von den Ereignissen und Gesprächen zu erzählen, die Sie gehört und gesehen haben, auch nicht dem Kommandeur der Militäreinheit, der Sie dienen."

Nachdem die sowjetischen Soldaten eine Zeit lang zusammen mit den deutschen Soldaten die Grenze bewacht hatten, schickten sie diejenigen, die die deutsche Sprache besser beherrschten, in deutsche Soldatenuniformen und bewachten die Grenze. Auch Mirza gehörte zu denen, die nun die Uniform der deutschen Soldaten trugen.

Das Gebiet, das Mirza bewachte, bestand größtenteils aus niedrig wachsenden Büschen. Obwohl zwischen dem Stacheldraht und dem Dickicht ein Abstand von drei Metern gepflügt worden war, konnten die

Deutschen schnell aus dem Dickicht hier in das Dickicht gegenüber springen. Deshalb sollte man beim Spaziergang entlang der Grenze vorsichtig sein. Wenn jemand die Grenze überquerte, war es bereits zu spät. Denn es war auch nicht erlaubt, den Flüchtenden zu erschießen. Obwohl die Bewachung hier schwieriger war als in anderen Gebieten, hatte das weite Buschgebiet seine eigenen Vorteile. Erstens musste man eine weite Strecke bis zur Grenze kriechen. Dies wiederum führte zu zusätzlichen Problemen und Schwierigkeiten für diejenigen, die die Grenze überqueren wollten. Zweitens konnte man die im Busch lebenden Tiere und Vögel erschrecken und damit hättest man seinen Standort bekannt gegeben. Sie wechselten jedes Mal das Gebiet, in dem die deutschen Soldaten Wache hielten. Denn die Deutschen hatten die Möglichkeit, mit Einheimischen zu kommunizieren, die die Grenze überqueren wollten.

Allerdings bewachten sowjetische Soldaten das gleiche Gebiet. Es war unwahrscheinlich, dass sie einen Verwandten oder Freund im fernen Deutschland hatten.

Diesmal war Mirza am Abend an der Reihe, um Wache zu halten. In dem von ihm geschützten Gebiet, etwa 15 Meter vom Stacheldraht entfernt, gab es einen Busch, in dem er etwas vermutete. Aber es war nicht richtig, sich jedem verdächtigen Busch zu nähern. Denn auch ein Tier könnte den Busch bewegen, und somit könnte das Leben des Wächters in Gefahr sein. Deshalb: „Wenn es jemanden gibt und er so weit gekrochen ist, lass ich ihn die Grenze überqueren. Hauptsache, er bleibt weg von mir", dachte er und setzte langsam seinen Weg fort. Er versuchte jedoch, dieses Gebiet unter Kontrolle zu halten.

Auf dem Rückweg hockte er sich nieder und blickte noch einmal auf den verdächtigen Teil des Buschs, aber sah nichts Auffälliges. Als Mirza zum ersten Mal den Busch betrachtete, folgte Elke bewegungslos seinen Bewegungen. Ab und zu wagte sie es sogar, aufzustehen. Sobald der Soldat vom Ende des von ihm kontrollierten Territoriums zurückkehrte, richtete sie ihr Gesicht erneut auf die Grenze und konzentrierte ihre ganze Aufmerksamkeit auf den Punkt, an dem der Soldat ihren Blick bald kreuzen würde.

Soweit sie wusste, mussten die deutschen Wachen zusammen mit den sowjetischen Soldaten patrouillieren. Die Tatsache, dass der Wächter allein war, gab Elke Hoffnung, weckte aber auch Zweifel. Deshalb versuchte sie zu klären, ob es sich um einen deutschen oder einen sowjetischen Soldaten handelte. Die Tatsache, dass es sich um einen sowjetischen Soldaten handelte, könnte die ohnehin schon schlimme Situation noch verschlimmern. Es herrschte tiefe Stille. Und es gab einen echten Nervenkampf.

Elke, die ganz erschöpft war, konnte es nicht ertragen. Mit Mühe wollte sie aufstehen und sich umschauen. Unachtsam berührte sie den Zweig des Busches.

Mirza stand schnell auf, drückte das Gewehr an seine Brust und machte sich auf den Weg zum Gebüsch. „Hey, wer bist du? Ich befehle dir, hebe deine Hände und komme heraus." Als er sah, dass niemand dem Befehl folgte, fuhr er fort. „Wenn du meinen Worten nicht folgst, habe ich die Erlaubnis, dich zu erschießen."

Elke hörte aus seiner Rede deutlich, dass der Soldat kein Deutscher war. "Das ist das Ende. Egal was passiert, ich werde mich nicht rühren", dachte sie und senkte den Kopf.

Aber es wurde immer schwieriger, den Schmerz in ihrem Körper zu ertragen. Mirza sah, dass aus dem Busch weiterhin keine Regung kam und begann, das Gebiet zu verlassen. Nachdem er ein paar Schritte gemacht hatte, blieb er stehen und drehte sich um. Er betrachtete den Busch ein letztes Mal und beschloss, seinen Weg fortzusetzen. Plötzlich wurde der Busch an mehreren Stellen geschüttelt. Elke begann, an den Zweig des Busches zu rütteln.

Mirza drückte das Geweht erneut an seine Brust, richtete es auf den Busch und wiederholte seinen Befehl: „Ich befehle, hebe deine Hände und komm heraus."

„Aber ich kann nicht aufstehen", drang eine Frauenstimme wispernd aus den Zweigen.

„Wenn du nicht aufstehen kannst, versuch zu kriechen und komm heraus", befahl Mirza und schaute aufmerksam in die Richtung des Geräusches.

Elke blieb nichts anderes übrig, als dem Befehl zu folgen. „Ein russischer Soldat könnte mich, so allein wie ich bin, im Busch vergewaltigen und mich dann töten. Niemand würde es erfahren, meine Leiche würde den Vögeln und Würmern zum Opfer fallen", dachte sie und begann langsam auf Mirza zuzukriechen.

* * *

Mirza war entsetzt, als er Elke aus dem Gebüsch krabbeln sah. Sie war eine 30- bis 35-ährige Frau mit völlig zerrissener Kleidung. Es war seltsam, dass es ihr gelungen war, eine schwere Tasche mit sich zu schleppen.

Elke setzte sich auf. Sie wollte ihren Körper mit ihrer zerrissenen Kleidung bedecken. Es war jedoch nicht möglich, außer der Brust etwas vor den Blicken zu schützen.

Mirza befahl ihr, sich auf den Bauch zu legen: „Stell die Tasche in deiner Hand beiseite. Lege dich auf den Bauch und strecke die Hände zur Seite aus."

Elke legte sich auf mit dem Gesicht nach unten und breitete ihre Arme zur Seite aus. Mirza sah sie aufmerksam an, es gab viele Wunden und Schrammen an Elkes Armen und Beinen. Ihr Körper war völlig zerschunden. Mirza trat näher an sie heran und zog zunächst mit dem Fuß die Tasche zu sich. Er richtete das Gewehr auf Elkes Körper und öffnete die Tasche mit einer Hand. Da er nichts als Essen darin fand, legte er das Gewehr ab.

„Du kannst sitzen", sagte er und half Elke auf.

Elke setzte sich, konnte aber das Gleichgewicht nicht halten und stützte sich mit dem Ellbogen auf dem Boden ab.

Mirza schämte sich, die nackte Frau anzusehen, hob den Kopf und sah sich um und fragte sich, was er nun tun solle. Es war völlig ruhig. Sein Gewissen erlaubte es ihm nicht, die Frau in diesem Zustand nackt zur Militäreinheit zu bringen. Die Frau war nicht in der Lage, zu laufen.

Elke, die schüchtern war, senkte manchmal den Kopf, manchmal schaute sie Mirza ins Gesicht und versuchte zu erahnen, was er tun würde.

Tatsächlich hätte Mirza Elke allein im Busch zurücklassen können, als wäre nichts passiert. Es gab hatte keine Zeugen. Dämmerung als Bote der Nacht breitete sich aus, er hatte die Frau einfach nicht gesehen. Zweitens hatte die Frau nicht versucht, die Grenze zu überqueren. Daher war er nicht verpflichtet, gewaltsame Maßnahmen gegen sie zu ergreifen.

„Frau, es wäre unehrlich, Sie in dieser Situation der Militäreinheit zu übergeben. Seien Sie geduldig, vielleicht fällt mir noch etwas ein. Werden Sie die Kraft haben, zurückzukehren?“, fragte Mirza.

Elke dachte: „Obwohl er ein Russe ist,

habe ich einen ehrlichen Menschen getroffen", und mit einer Stimme, die man kaum hören konnte: „Nein", sagte sie.

Mirza fragte: „Wollten Sie die Grenze überqueren?"

Elke hielt den Kopf gesenkt, ohne etwas zu sagen.

„Bis ich zurückkomme, essen Sie das Essen in der Tasche und leeren Sie sie. Mal sehen, was ich tun kann", sagte Mirza und trat einen Schritt zurück. „Im schlimmsten Fall muss ich Sie der Militäreinheit übergeben."

Dennoch sagte Elke nichts.

Mirza sprach auf Aserbaidschanisch mit sich selbst und verließ Elke.

Als sie hörte, wie Mirza auf Aserbaidschanisch mit sich selbst sprach, wurde sie blass. Sie vergoss unwillkürlich Tränen, weil sie ein Kind ihres Mutterlandes getroffen hatte. Und sie war sehr ermutigt.

***

Mirza zählte die Schritte vom Beginn des bewachten Gebiets bis zu Elke und blieb stehen. Es wurde dunkel. Er dachte nach. Er sah sich noch einmal um. Er drehte sein Gesicht zu Elke, begann schnell und eilig, seine Hose zu öffnen und sein Oberteil auszuziehen. Als Elke dies sah, fühlte sie sich unwohl. Als er sein Unterhemd ausgezogen hatte, zog Mirza sein Oberhemd wieder an und brachte seine Kleidung in Ordnung.

Elke holte tief Luft, als hätte das Schicksal sie ausgelacht. Sie reichte ihm die Tasche, sobald er näher kam.

Mirza riss die unteren Ecken der nun leeren Tasche auf: „Nehmen Sie die Kleidung, tragen Sie sie als Unterwäsche. Mein Unterhemd können Sie ja anstelle eines Kleides tragen." Mit diesen Worten warf er beides auf Elke und drehte ihr den Rücken zu, um die Umgebung unter Kontrolle zu halten.

Elke murmelte fließend auf Aserbaidschanisch: „Danke", sagte sie und begann, sich anzuziehen.

Mirza achtete zunächst nicht auf Elkes

Gemurmel. Er dachte jedoch einen Moment nach und war dann fassungslos. Diese Frau sprach wie eine echte Aserbaidschanerin. „Vielleicht haben mich meine Ohren getäuscht“, dachte er, als er Elkes schwache Stimme hörte: „Ich bin bereit!“ Es bestand kein Zweifel, dass Elke reines Aserbaidschanisch sprach.

Mirza drehte sich zu ihr um. „Wie heißt du? Du bist Aserbaidschanerin?“, fragte er auf Aserbaidschanisch.

Elke antwortete auf Deutsch: „Nein. Ich bin ein echtes deutsches Mädchen. Mein Name ist Elke. Mein Mutterland ist Aserbaidschan. „Okay, ich ziehe mich an“ oder „Ich bin bereit.“ Diese Worte kann ich genau aussprechen, weil ich sie meiner Mutter jahrelang jeden Tag wiederholt habe.”

„In welchem Bezirk hast du gelebt?“, fragte Mirza neugierig.

Elke: „Ich wurde im Dorf Georgiyevsk, Shamkhor geboren. Meine Mutter arbeitete als Lehrerin für „Aserbaidschanische Sprache“ im Nachbardorf Alabashli.”

Mirza: „Ich kenne dieses Dorf nicht. Ich komme aus Leninfeld, einem Dorf fünf bis sechs Kilometer von Alabashli entfernt in Richtung der Berge. Früher lebten dort Deutsche. Alte Männer nennen das Dorf noch immer „Nemsa."

Elke: "Wahrscheinlich haben sie den Namen des Dorfes geändert, nachdem meine Verwandten verbannt wurden."

Mirza: „Wahrscheinlich", sagte er und sah sich um. „Jetzt haben wir keine Zeit, darüber zu sprechen. Sag mir die Wahrheit, willst du die Grenze überqueren?

Elke: „Ja, deshalb blieb ich zwei Tage im Busch."

„Wir müssen darüber nachdenken, wie das vonstattengehen soll. Ich bin nicht mehr an der Reihe. Zum jetzigen Zeitpunkt sind die Wachen in Alarmbereitschaft. Denn eine neue Gruppe Wachen betritt die Gebiete, die die anderen ersetzen wird. Es ist also gefährlich, jetzt die Grenze zu überqueren. Sie könnten dich erschießen."

Elke: „Wirst du in diesem Gebiet wieder Wache halten?“, fragte sie.

Mirza: „Wenn es keinen Zwang gibt, halten wir normalerweise tagsüber Wache in der gleichen Gegend. Meine nächste Wache wird von 02:00 bis 04:00 Uhr sein.”

„Also werde ich etwas abseits im Busch auf dich warten. Aber wie kann ich sicher sein, dass du der Wächter sein wirst?“ Elke sprach hoffnungsvoll.

„An welches aserbaidschanische Lied erinnerst du dich?“, fragte Mirza hastig.

„Küçələrə su səpmişəm. (Ich habe die Straße bewässert, ein aserbaidschanisches Volkslied).” Elke wollte sich an das nächste Lied erinnern.

Mirza: „Wenn also alles in Ordnung ist, werde ich um 02:00 Uhr hier sein. Dann werde ich dieses Lied langsam singen. Von welchem Vogel kannst du das Geräusch machen?“, fragte er.

Elke sagte: „Die Stimme des Rebhuhns“ und sie versuchte , die Stimme des

Rebhuhns nachzuahmen.

„Sehr gut. Wenn ich nicht um 02:30 Uhr hier bin, versuch allein über die Grenze zu kommen. Versuche, nicht einzuschlafen. Hast du eine Uhr?“, fragte Mirza.

Elke: „Ich habe tagsüber geschlafen, keine Sorge, ich habe eine phosphoreszierende Uhr“, sagte sie und fragte auf Aserbaidschanisch. „Wie heißt du?“

„Mirza”, sagte Mirza und verließ schnell den Busch.

Nachdem er gegangen war, entfernte Elke vorsichtig die Äste der Büsche um sich herum, damit sie diese nicht unachtsam berührte und bewegte. Sie versuchte, auf dem Rücken zu liegen, oft auf die Uhr zu schauen und ab und zu den Kopf ein wenig zu heben, um die Bewegung des Grenzschutzbeamten zu beobachten. Sie erinnerte sich an die Zeit, als diensthabende Soldaten an ihr vorbeigekommen waren und konnte feststellen, dass sich alle in der gleichen Reihenfolge bewegt hatten.

* * *

In der Militärbaracke legte sich Mirza auf das Bett, ohne sich auszuziehen, konnte aber nicht schlafen. Was ihn beunruhigte, war die Möglichkeit, dass Elke von einer anderen Wache entdeckt werden könnte. Sollte unter dem Druck der sowjetischen Führung und eines Verhörs herausgefunden werden, dass er sie nicht festgenommen hatte, bedeutete Elkes mögliche Erklärung des Vorfalls, dass er schuldig wäre. „Sie wird mich nicht verraten", dachte er und versuchte, sich zu trösten. „Mal sehen", sagte er und stand vom Bett auf.

Er ging zum Rauchen in den Hof der Militäreinheit und begann zu laufen. Als er an der Kleiderkammer vorbeikam, fiel sein Blick auf eine Tüte voller schmutziger Kleidung davor. Er trat näher ran und betrachtete die Tüte sorgfältig. Es waren die durchgeschwitzten Unterhemden der Soldaten. „Wahrscheinlich werden sie morgen früh zum Waschen in den Waschsalon gebracht", dachte er und sah sich um. Es war niemand in der Nähe. Er zog seinen Gürtel und sein Hemd aus und warf es beiläufig auf die Tüte. Mirza verschränkte die Arme vor der Brust und begann, wie beim Training durch das Lagerhaus zu rennen. Zwischendurch ging er in eine Gehposition und trainierte, indem er die Arme seitlich nach oben hob. Während seiner gesamten Bewegungen schaute er sich um und vergewisserte sich, dass niemand da war. Mirza näherte sich der Tüte, als wäre nichts passiert. Er nahm seinen Gürtel und befestigte ihn um seine Taille. Dann streckte er die Hand aus, holte schnell Unterwäsche aus der Tasche, zog sein Oberteil an und verließ das Gebiet.

* * *

Obwohl es weit nach Mitternacht war, gab es nichts Neues von Mirza. Elke blickte erneut auf ihre Uhr, es war 02:30. Sie begann, sich Sorgen zu machen. Die mit Mirza vereinbarte Zeit war bereits 10 Minuten überschritten. „Wahrscheinlich haben sie ihn durch einen anderen Wächter ersetzt. Es scheint, dass ich die Grenze selbst überqueren muss. Sie beschloss, dennoch auf die Rückkehr des Grenzwächters zu warten.

Elke begann darüber nachzudenken, wie sie die Grenze überqueren könnte. Bald spürte Elke die Schritte des Wächters. Sie legte sich wieder mit dem Gesicht nach unten und hob leicht den Kopf, in der Hoffnung, Mirza zu sehen. Als Mirza von der anderen Seite des von ihm kontrollierten Territoriums herbeikam, zog er schnell sein Unterhemd aus. Er sah sich um und sang leise das Lied. Elkes Mund und Lippen zitterten vor Freude, und sie begann, das Geräusch eines Rebhuhns von sich zu geben, wenn auch mit Mühe.

Sobald er die Stimme des Rebhuhns hörte, sagte Mirza auf Aserbaidschanisch „Komm. Zieh mein Hemd aus. Sie könnten mich verdächtigen, wenn sie mich in einem schmutzigen Hemd sehen", sagte er und reichte ihr das schmutzige Hemd.

Elke zog schnell das Hemd aus und gab es ihm und wollte das schmutzige Hemd anziehen.

Mirza: „Es kann beim Durchkriechen des Stacheldrahts hilfreich sein, du solltest es lieber tragen." Er legte Elkes Arm um seinen Hals und half ihr, die gepflügte Fläche zu erreichen. „Ich habe getan, was ich konnte. Der Rest hängt von dir ab. Stelle auf dem gepflügten Feld die Füße weit auseinander und versuche, mit der Ferse den Boden zu berühren. Du kannst gehen", sagte er und legte seine Hand auf ihren Rücken.

Plötzlich waren in der Ferne Schüsse zu hören. Elke setzte sich voller Angst wieder hin.

Mirza packte ihren Arm und hob sie hoch. „Hab keine Angst. Irgendwo ist es zu einer Grenzverletzung gekommen. Jetzt wird die Aufmerksamkeit aller darauf gelenkt sein. Du kannst die Grenze langsam überqueren. Guten Weg, meine mutige Landsmännin!“, sagte er.

Elke: "Vielen Dank, Mirza!“

Sie umarmte ihn. „Ich werde immer stolz auf die tapferen Söhne unseres Dorfes sein. Wenn es mir gut geht, werde ich in Zukunft in unser Dorf kommen. Mein Verlobter Ilyas ist hier geblieben. Jeder in Alabashli kennt mich als „Sayads Enkelin", sagte sie und betrat das gepflügte Gebiet.

Nachdem er sicher war, dass Elke die Grenze überquert hatte, zog Mirza sein Unterhemd an und schaute auf seine Uhr. Es war 03:10. Dann schritt er weiter die Grenze entlang.

Gustav und Alida

Als Mirza das Straßenschild von Kazbegi sah, stoppte er das Auto am Straßenrand. Er stieg aus dem Auto und streckte sich.

Auch Bakir stieg aus dem Auto. Bakir sah Mirza von Kopf bis Fuß an und sagte: „Du scheinst müde zu sein?"

„Ja. Schade, dass du den Weg nicht kennst. Wenn du es wüsstest, würdest du Auto fahren und ich würde schlafen. Abends konnte ich nicht gut schlafen", sagte Mirza. Er zeigte mit der Hand auf das Lenkrad des Autos und setzte sich auf die Rückbank.

Sie waren schon seit einiger Zeit unterwegs. Als Mirza auf der gegenüberliegenden Seite ein parkendes Auto ins Auge fiel, fragte er: „Siehst du das schwarze Auto der ausländischen Marke?"

„Ja, ich sehe es", antwortete Bakir.

Mirza sprach ruhig: „Sie sind wahrscheinlich so müde wie ich. Sie halten das Auto wohl am Straßenrand und schauen sich um. Fahre etwas langsamer. Ich habe Durst und muss unbedingt Tee trinken. Es ist besser, das Auto in der Nähe zu parken, damit wir Tee trinken und uns das Auto mal genauer ansehen können."

Bakir bremste ab. Als er das schwarze Auto erreicht hatte, konnte Mirza die Marke des Autos erkennen: „Mercedes. Das schönste und zuverlässigste Auto der Welt. Mein Lieblingsauto. Weißt du, was „Mercedes" bedeutet?

Bakir: „Nein, ich weiß es nicht. Wahrscheinlich der Name eines Flusses oder eines Berges in Deutschland. Wie die sowjetischen „Wolga" und „Ural",.

Ohne den Blick vom Auto abzuwenden, sagte Mirza: „Mercedes ist ein Mädchenname."

Bakir: „Es sieht so aus, dass dein Lieblingsauto eine Panne hat. Diese Menschen beobachten nicht die Natur, sondern sie schauen besorgt.”

Bakir lächelte und überholte den „Mercedes“, zog das Auto ein Stück weiter von der Straße ab und stoppte es.

Mirza stieg aus und sah sich um: „Es ist ein Ort zum Ausruhen. Ich koche Tee. Steige auch aus und schaue, was mit dem Auto passiert ist.”

„Jiguli und Mercedes sind ganz unterschiedliche Autos. Ich verstehe nichts von Mercedes. Ich werde enttäuscht sein.” Bakir sprach unzufrieden.

Mirza: „Warum enttäuscht? Wer sagt dir, dass du so tun sollst, als wärst du ein Meister? Frage einfach, was du tun kannst, um zu helfen.“

Nachdem Bakir widerstrebend auf die linke Straßenseite gegangen war, öffnete Mirza die Thermoskanne und schenkte sich schwarzen Tee ein. Er hatte gerade Süßigkeiten für den Tee zubereitet. Er war überrascht, als er Bakirs schon wieder sah: „Wie schnell bist du zurückgekommen? Haben sie wie wir angehalten, um sich auszuruhen?", fragte er und setzte seine Arbeit fort.

Bakir: „Nein, sie haben nicht angehalten, um sich auszuruhen. Es scheint so, dass das Auto plötzlich nach rechts abbog und die Vorderräder in eine Grube rutschten."

Mirza sagte nachlässig: „Vielleicht tauchte vor ihm eine Waldkatze oder ein Wildschwein auf."

Bakir: „Ich bin derselben Meinung."

Mirza: „Warum hast du nicht gefragt, was passiert ist?"

Bakir: „Ich fragte. Weder haben sie verstanden, was ich gesagt habe, noch ich, was sie gesagt haben."

Mirza: „Hast du auf Russisch gefragt?"

Bakir: „Ja, ich habe auf Russisch gefragt. Aber das Nummernschild des „Mercedes" ähnelte ja auch nicht dem sowjetischen Nummernschild. Normalerweise sind unsere Zahlen schwarz und weiß. Es gibt andere Farben in dieser Nummer. Sie antworteten mir jedenfalls nicht auf Russisch. Der Mann holte ein Buch aus seiner Tasche."

Mirza: „Wahrscheinlich ein Wörterbuch."

Bakir: „Wahrscheinlich. Er fing an, etwas vorzulesen. Es ist besser, dass du hingehst und die Situation klärst. Vielleicht sind sie Deutsche." Bakir zeigte mit der Hand auf die andere Straßenseite:

„Nun ja, ich werde mich aufmachen. Wenn sie unsere Hilfe brauchen, rufe ich dich."

***

Als Mirza das Mercedes-Nummernschild betrachtete, wusste er, dass es sich um ein deutsches Auto handelte. Als er sich dem Mann und der Frau näherte, begrüßte er sie freundlich auf Deutsch. Nachdem sie beide mit einem Lächeln zurückgegrüßt hatten, fragte der Mann: „Können Sie Deutsch sprechen?"

„Ja, ich kann fließend Deutsch sprechen. Womit kann ich Ihnen behilflich sein?”, fragte Mirza.

„Mein Name ist Gustav“, sagte der Mann und reichte Mirza die Hand.

„Mein Name ist Mirza“, sagte Mirza und schüttelte Gustavs Hand.

Gustav: „Und das ist meine Frau Alida.” Er stellte die Frau vor.

Mirza verneigte sich vor der Frau: „Sehr angenehm.”

Die Frau wiederum sagte Mirza, dass sie sich freue, ihn kennenzulernen.

Gustav begann, den Vorfall zu erzählen: „Ich fuhr das Auto langsam, weil ich die Schönheit der Natur beobachtete. Ein Wildschwein führte seine Schweinchen auf die andere Straßenseite. Ich konnte das Auto anhalten. Ich wollte das Auto an den Straßenrand fahren, damit wir uns diese ansehen könnten. Ich konnte die Grube nicht sehen, weil sie mit Gras bedeckt war. Beide Vorderräder rutschten hinein. Das ist nicht alles, einer der Reifen ist beschädigt."

„Haben Sie jemanden um Hilfe gebeten?", fragte Mirza.

Gustav antwortete: "Wir sind seit etwa zwei Stunden hier. Niemand interessiert sich für uns. Der Verkehr auf dem Weg ist nicht intensiv. Ich winkte ein paar vorbeifahrenden Autos zu, und sie fuhren vorbei, ohne anzuhalten.

Mirza lächelte: „Das Problem ist, dass es in der Nähe keine Siedlung gibt. Diejenigen, die hier vorbeikommen, fahren an ferne Orte. Ehrlich gesagt, hatten wir auch nicht die Absicht, das Auto anzuhalten. Wenn ich keinen Tee hätte trinken wollen, wäre Bakir wahrscheinlich vorbeigefahren.

Gustav drehte sich um und sah Alida an, beide lächelten. Gustav nahm Mirza bei der Hand und zog ihn zur Vorderseite des Autos: „Herr Mirza, sehen Sie, wie beide Vorderräder des Autos in der Luft hängen", sagte er aufgeregt und zeigte auf den linken Reifen. „Ich verstehe nicht, wie dieser Reifen beschädigt wurde. Denn kurz nachdem ich das Auto angehalten hatte, war der Reifen auch schon plattplatt."

„Gustav, es gibt so viele Gesetze in der Physik. Wahrscheinlich hatte eines dieser Gesetze seine Wirkung." Mirza sah Alida an und lachte.

Gustav: „Sind Sie ein Ingenieur?"

Mirza: "Nein, ich bin kein Ingenieur, aber in der Schule war ich einer der besten Schüler."

„Gustav, jetzt sollte Sie der Grund nicht mehr interessieren. Sie sollten darüber nachdenken, aus der Situation herauszukommen", sagte Bakir. Mirza hatte für Bakir übersetzt und übersetzte nun für Gustav.

„Bakir ist ein erfahrener Fahrer. Auf jeden Fall kennt er einen Ausweg besser als wir. Seid nicht zu aufgeregt, alles wird gut", sagte Mirza an Gustav und Alida gewandt.

Mirza: „Bakir, hast du dir den Zustand des Autos genau angesehen?"

„Nein", antwortete Bakir.

Mirza: „Kläre, was wie zu tun ist. Nur du kannst sie aus dieser unangenehmen Situation retten."

„Nun, ich werde darüber nachdenken", sagte Bakir und beugte sich über die Vorderseite des Autos.

„Bakir, wenn du fürs Problem eine Lösung findest, werde ich Gustav bitten, dem Bundestag einen Vorschlag zur Umbenennung einer der Straßen in Berlin in „Bakir-Straße" vorzulegen, sobald er nach Deutschland zurückkehrt", sagte er, wiederholte seine Worte auf Deutsch und zwinkerte Gustav zu.

Nachdem er sich vollständig mit der Situation vertraut gemacht hatte, unterbreitete Bakir einen Vorschlag: „Zuerst muss der linke Reifen abmontiert werden. Der Schlauch ist wahrscheinlich kaputt. Frage Gustav, ob er einen zusätzlichen Reifenschlauch hat."

Mirza übersetzte, was Bakir zu Gustav gesagt hatte, und fragte, ob es einen Reifenschlauch gäbe. Gustav gab an, dass alle vier

Reifen schlauchlos seien.

Mirza: „Bakir, Gustav sagt, dass die Reifen seines Autos schlauchlos sind."

Bakir war überrascht: „Ein Reifen ohne Schlauch?"

Mirza wiederholte Bakirs Frage auf Deutsch. Gustav zuckte mit den Schultern und wusste nicht, was er antworten sollte.

Gustav: „Herr Mirza, ich weiß nicht viel über Autoreparaturen. Meine Aufgabe ist es, das Auto nur zu fahren. Ich rufe die Reparaturabteilung an, sobald es eine Panne hat."

Mirza übersetzte alles, was Gustav sagte.

„Frage ihn, ob er wenigstens einen Reifenschlüssel hat. Wenn nicht, vielleicht öffnen sich ihre Reifen auch ohne Schlüssel, oder?" – Bakir wiederum hörte nicht auf zu scherzen."

„Bakir, machst du Witze? Dieser Mann hat schon gesagt, er könne nichts außer

Autofahren. Schaue in seinen Kofferraum. Du wirst sehen, was er hat und was nicht", sagte Mirza und bedeutete Gustav, den Kofferraum des Autos zu öffnen.

Gustav öffnete schnell den Kofferraum des Autos.

Bakir schaute auf das Gepäck. Er nahm säuberlich eines der Kleidungsstücke der Frau und blickte Mirza überrascht an: „Wie viele Kleidungsstücke haben sie denn mitgenommen? Das hier ist aus der Damenbekleidungsabteilung des Kaufhauses Ganja", sagte er.

Mirza antwortete leise: „Wir sollten wissen, zu welchem Zweck sie es genommen haben."

Bakir: „Wahrscheinlich haben sie so viele Frauenkleider mitgenommen, um Geld für die Reise zu bekommen." Bakir wendete sich an Alida: „Madam, können Sie Ihre Kleidung bitte nach vorn ins Auto legen?"

Alida hat Bakir auch ohne Übersetzung

verstanden, was er sagen wollte. Gustav und Alida begannen, die Klamotten aus den Kofferraum auf die Rückbank zu legen.

* * *

„Lass uns unseren Tee trinken, bis sie das Gepäck ausgeladen haben”, sagte Bakir.

Mirza sagte leise: „Es ist nicht gut für uns, wenn wir beide gehen. Geh du und trink deinen Tee.”

„Und du?”, fragte Bakir.

Mirza: „Du wirst das Auto später fahren. Dann trinke ich im Auto.”

Bakir ging zu seinem Auto davon.

Gustav und Alida hatten gerade den Kofferraum geleert, als Bakir mit einer Thermoskanne in der einen und einer Tüte in der anderen Hand zurückkam. Er legte die Thermoskanne auf den glatten Boden und öffnete die Tüte. Zuerst holte er ein Handtuch aus der Tasche und breitete es auf dem Boden als eine Decke aus. Dann nahm er drei Schüsseln und verschiedene Süßigkeiten aus der Tüte und stellte sie auf die Decke. Er goss vorsichtig Tee in die Schüsseln und bedeutete Mirza mit der Hand, Tee zu trinken: „Biete ihnen auch etwas an."

Mirza: „Es sind aber drei Schüsseln. Also trink deinen Tee. Dann trinke ich mit ihnen."

„Drei Schüsseln und der Deckel, der dient uns als Schüssel. Gib es uns allen. Wir werden alle gemeinsam das Auto aus der Grube ziehen müssen. Lade sie also auch ein", sagte Bakir und setzte sich auf den Boden.

Mirza lud Gustav und Alida ein. Obwohl das Paar das Angebot zunächst ablehnte, setzten sie sich auch. Bakir zeigte den Deutschen die Süßigkeiten auf der Decke und gab kurze Informationen über deren Konsistenz. Mirza wiederum übersetzte, was Bakir sagte, ins Deutsche.

„Bismillah", sagte Bakir und streckte seine Hand zu den Gaben.

Alida und Gustav nahmen sich schüchtern einige Stücke. Bakir trank zuerst seinen Tee und stand auf.

Er holte den Ersatzreifen und die nötigen Werkzeuge aus dem Kofferraum und legte sie vorne ins Auto.

Gustav und Mirza tranken hastig ihren Tee und standen auf. Auch Alida wollte aufstehen.

„Trinken Sie Ihren Tee in Ruhe. Ich denke, dass Ihre Hilfe nicht benötigt wird“, sagte Mirza zu Alida.

* * *

„Zuerst müssen wir den linken Reifen wechseln, damit wir das Auto aus der Grube ziehen können. Im Ersatzreifen ist zu wenig Luft. Leider verfügen wir nicht über eine Pumpe zum Aufpumpen des Reifens”, sagte Bakir und er fing an, das Gras wegzudrücken, um den linken Reifen zu öffnen.

„Können wir mit unserer Pumpe nicht Luft in den Reifen pumpen?”, fragte Mirza.

Bakir drückte den losen Reifen mit dem Fuß und überlegte: „Wahrscheinlich”, sagte er.

Obwohl Gustav ihr Gespräch nicht verstand, verstand er, wie die Situation war, als Bakir mit dem Fuß gegen den Reifen drückte. Er nahm die kleine Tasche aus dem Kofferraum und reichte sie Mirza. Mirza öffnete die Tüte, nahm etwas heraus und drehte sie hin und her, aber er verstand nicht, was er in der Hand hielt.

„Was ist das?”, fragte er Gustav.

„Es ist eine elektrische Pumpe, die Luft in den Reifen pumpt“, antwortete er.

Mirza zeigte Bakir die Pumpe: „Bakir, das Pumpenproblem wurde soeben gelöst. Hoffentlich finden auch die anderen Fälle ihre eigene Lösung”, sagte er.

Bakir versuchte eine Zeit lang, den Vorderreifen zu öffnen. Er konnte ihn aber nicht öffnen, weil der Reifen in der Luft hing. Er legte die Werkzeuge beiseite: „Ich gehe und bringe unser Auto hierher“, sagte er und lief auf die andere Straßenseite."

* * *

Alida trank ihren Tee, knabberte aserbaidschanische Süßigkeiten und räumte die Decke ordentlich ab. Bakir hielt das Auto neben ihr an und legte die Decke ordentlich verpackt in den Kofferraum des Autos. Er holte die Pumpe und das nötige Werkzeug aus dem Kofferraum. Dann ließ Bakir die Hintertür des „Jiguli“ offen und näherte sich Mirza.

„Sage Frau Alida, sie soll im Auto sitzen. Die arme Frau stand vorhin schon seit zwei Stunden", sagte er und begann mit seiner Arbeit.

Mirza übersetzte, was Bakir zu Alida gesagt hatte: „Bakir hat recht, setzen Sie sich ins Auto und ruhen Sie sich aus."

Alida bedankte sich bei beiden, weigerte sich jedoch, im Auto zu sitzen. Gustav sah Mirza an und zuckte mit den Schultern.

„Herr Mirza, Alida ist bei der Arbeit stundenlang auf den Beinen, sie ist daran gewöhnt, keine Sorge. Ich bin derjenige, der es nicht gewohnt ist, lange zu stehen. Ich sitze von morgens bis abends auf einem Stuhl und beschäftige mich mit Dokumenten. Wenn hier ein Stuhl wäre, würde ich ohne Angebot dort sitzen“, sagte er und lächelte.

Mirza beugte sich zu Bakir: „Sage mir, wenn du Hilfe brauchst. Gustav und ich sind bereit und warten auf deinen Befehl”, sagte er.

Bakir stand auf: „Ich brauche noch keine Hilfe. Ich werde es dir sagen, wenn ich sie benötige.”

Mirza hielt Gustavs Arm und zog ihn zur Seite: „Sie sagten, dass Frau Alida bei der Arbeit stundenlang auf den Beinen ist, während Sie von morgens bis abends auf einem Stuhl sitzend arbeiten. Wenn es kein Geheimnis ist, womit beschäftigt Sie sich?”, fragte er.

„Alida ist Geschäftsfrau. Sie besitzt ein Modehaus im Stadtzentrum. Sie hat auch eine kleine Näherei. Auch in dieser Fabrik sitzt sie nicht in ihrem Büro, sondern ist von morgens bis abends bei den Nähmeistern. Ich kann es ihr nicht verdenken. Mode ist ein Geschäft, in dem die Konkurrenz sehr stark ist. Ich arbeite im Archivbüro.

Ich möchte mich nicht von einem gewöhnlichen Mitarbeiter unterscheiden, auch wenn ich in einer hohen Position arbeite. Ich versuche, die mir vom Staat übertragene Pflicht ordnungsgemäß zu erfüllen. Auch die Archivarbeit ist eine sehr verantwortungsvolle Aufgabe. Manchmal entscheidet sich bei dieser Arbeit das Schicksal eines Menschen. Man muss also Verantwortung übernehmen", sagte er und fragte wiederum: "Bakir, und Sie? Was tun Sie beide?"

Mirza erzählte ihm zuerst von Bakir: „Bakir arbeitete lange Zeit als Fahrer in einer Kolchose. Trotz seiner Arbeit ist er jedoch ein sehr intelligenter und aufgeschlossener Mensch. Er interessiert sich für alles von Literatur über Geschichte, Technologie bis Politik. Seit dem Zusammenbruch der Kolchose arbeitet er nicht mehr."

„Wie verdient er jetzt Geld zum Leben?",

fragte Gustav interessiert.

„Es gibt einen Hofbereich. Er verdient seinen Lebensunterhalt mit dem Anbau von Obst und Gemüse und dem Verkauf auf dem Markt. Unser Land ist sehr fruchtbar. Wenn man irgendwelches Obst und Gemüse anbaut, kann man gut verdienen."

Gustav: „Und Sie?"

Mirza: "Ich arbeite als Lehrer in der Mittelschule. Ich unterrichte Deutsch."

Gustav sprach schnell: „Als ich Sie Deutsch sprechen hörte, wusste ich, dass Sie Deutschlehrer sind."

„Sprechen ausländische Lehrer und normale Bürger unterschiedlich Deutsch?", fragte Mirza.

„In verschiedenen Regionen Deutschlands sprechen die Menschen ihren eigenen Dialekt, aber Sie sprechen in völlig literarischer Form. Ich habe mit Deutschlehrern in vielen anderen Ländern kommuniziert. Allerdings habe ich noch niemanden getroffen, der so rein literarisch spricht wie Sie.

Ich bin sehr froh, Sie zu treffen", sagte Gustav und streckte Mirza die Hand entgegen.

An diesem Punkt des Gesprächs sprach Bakir laut: „Ich kann das nicht öffnen", sagte er und rollte den Reifen, den er abmontiert hatte, in Richtung Mirza.

Gustav stoppte schnell den Reifen und ließ ihn auf die Seite fallen. Er untersuchte sorgfältig jede Seite des Reifens: „Ich kann immer noch nicht herausfinden, warum der Reifen von der Scheibe getrennt ist", fügte er hinzu.

Nachdem er den Reifen untersucht hatte, sagte Mirza überrascht: „Ich denke auch nicht, dass die Scheibe auf ein Hindernis gestoßen wäre. Weder die Scheibe noch der Reifen wurden beschädigt."

Bakir: „Ich habe aus euerem Gespräch herausgehört, dass ihr unzufrieden seid. Womit seid ihr unzufrieden?

Mirza: „Wir haben den Reifen sorgfältig überprüft. Allerdings konnten wir die Beschädigung nicht finden. Wir waren beide fassungslos, wie konnte sich der Reifen von der Scheibe lösen?", sagte er und sah Gustav an.

Gustav sprach schnell, als ob er verstünde, wovon sie redeten: „Ich habe kurz vor der Fahrt alle vier Reifen gewechselt."

Bakir packte Gustav am Arm und zog ihn zum Auto: „Lass uns gehen, lass es mich dir erklären", sagte er.

Mirza fing an zu lachen: „Hey Bakir, in welcher Sprache wirst du es ihm erklären?", fragte er.

Bakir: „Nun, ich werde es in unserer Sprache erklären. Wenn er es nicht versteht, habe ich Gott sei Dank einen Übersetzer dabei", sagte er.

Er zeigte Gustav den schildartigen Stumpf in der Grube: „Als der Reifen in die Grube fiel, blieb er an einem Baumstumpf hängen und der Reifen löste sich von der Scheibe. Sehen Sie, der Stumpf selbst ist durch den Aufprall gebrochen?“, sagte er und fragte dies Gustav lachend.

Obwohl Gustav Bakirs Frage nicht verstand, verstand er das Gesamtbild, kehrte zum Reifen zurück und sagte: „Herr Mirza, ich habe verstanden, dass ein Baumstumpf den Reifen von der Reifenscheibe gelöst hat."

Bakir öffnete den Reifen und steckte seine Hand in die Scheibe. Nachdem er sich mit der Hand vergewissert hatte, dass die Innenseite der Scheibe nicht beschädigt war, begann er, den Reifen mit einem kleinen Brecheisen in die Scheibe zu treiben.

„Der Mensch, der einen schlauchlosen Reifen herstellt, wird morgen auch einen Reifen herstellen, der neben der Vorwärtsbewegung auch seitwärts fahren kann“, sagte sich Bakir.

Mirza: „Bakir, der Reifen muss sich um 90 Grad drehen, damit das Auto seitwärts fährt. Außerdem sollte sich nicht nur das Vorderrad, sondern auch das Hinterrad drehen. Stell dir vor, das Auto muss auf eine Höhe von etwa einem Meter angehoben werden, damit sich die Räder darunter um 90 Grad drehen können", sagte Mirza und zeigte mit der Hand die nötige Höhe, damit das Auto seitwärts fahren könnte.

Bakir protestierte: „Als du am Institut in Baku studiert hast, fuhren wir mit deinem Vater tagelang hin und her zum Bezirkszentrum, um dich zu besuchen. Man würde nicht glauben, dass die Zeit kommen wird, in der es möglich sein wird, nicht nur mit Baku, sondern auch mit Moskau im Hof unter dem Dach zu sitzen und Tee zu trinken."

Mirza sagte: „Ja, Wissenschaft und Technologie entwickeln sich weiter, aber damit das Auto seitwärts fahren kann, muss es um 90 Grad gedreht werden."

„Der Reifen darf sich nicht um 90 Grad drehen. Anstelle eines Reifens muss man sich etwas einfallen lassen", sagte Bakir und ging, um die Pumpe von Jigulu zu holen.

Gustav fragte Mirza, worüber er und Bakir gesprochen hätten. Er hörte Mirza aufmerksam zu. Nach einiger Überlegung: „Das ist eine interessante Idee", sagte er und kratzte sich am Kopf.

Bakir setzte die Pumpe auf den Reifennippel: „Wenn jeder von euch 150-mal pumpt, sind wir bald fertig“, sagte er und zeigte mit der Pumpe auf Gustav und Mirza.

„Während ihr den Reifen füllt, werde ich den Motor untersuchen.”

Mirza drückte mit dem Fuß immer wieder auf den Boden der Pumpe und begann, den Reifen mit Luft zu füllen. Er hatte ein paar Mal gepumpt, als Bakirs Stimme ertönte.

„Haben Sie angefangen, Luft in den Reifen zu pumpen?“, fragte Bakir.

Mirza: „Ja, ich habe schon begonnen“, sagte er.

Bakir sagte: „Aber man kann dich nicht hören.”

Mirza: „Warum sollte meine Stimme gehört werden, wenn ich ruhig meinen Job mache.”

„Man muss zählen. Nach 50 Malen sollte Gustav pumpen und zählen. Sie sollten 3-

mal bis 50 zählen, damit der Druck normal ist.”

Mirza zählte 1,2,3,4,5 … sah Gustav an und lächelte.

* * *

„Mit den Worten -147, 148, 149, 150 stellte Gustav langsam die Pumpe ab. Sagen Sie Bakir, dass er den Reifendruck messen kann.”

Mirza rief Bakir zu: „Wir haben unsere Arbeit beendet. Du kannst vorbeikommen und sie kontrollieren.”

Bakir: „Ihre Arbeit beginnt jetzt. Ruht euch aus. Sie werden das Auto ein wenig schieben.”

Mirza übersetzte, was Bakir zu Gustav sagte. Dann sah er sich um. Sein Blick fiel auf einen großen Stein.

„Gustav, Sie werden wahrscheinlich Steine brauchen, um sie unter dem Auto aufzuhäufen“, sagte er und zeigte auf den Stein.

„Wir müssen allen Befehlen von Bakir gehorchen, um aus der Situation herauszukommen“, dachte Gustav einen Moment lang.

„Denken Sie nicht zu viel nach. Wichtig ist, einen Ausweg aus der Situation zu finden”, sagte Mirza und versuche, ihn zu trösten.

„Mirza, ist die Stadt Kazbegi weit von hier entfernt?”, fragte Gustav.

Mirza dachte eine Weile nach und antwortete: „Es ist wahrscheinlich eine 2-stündige Fahrt. Wollen Sie bis nach Kazbegi fahren?”

Gustav: „Ja, wir haben so eine Idee, Kazbegi einen Besuch abzustatten. Eigentlich hatten wir geplant, in die Region Khanlar in Aserbaidschan zu fahren.”

Mirza: „Der Bezirk Khanlar ist unser Nachbarbezirk. Sie sollten an unserem Dorf vorbeikommen. Wenn Sie möchten, gebe ich Ihnen die Adresse, und wenn Sie jemanden am Dorfeingang fragen, wird er Ihnen unser Haus zeigen."

Gustav: „Nein, das schaffen wir leider nicht. Wir blieben zwei Tage länger als geplant in Odessa. Mein Urlaubstag ist noch nicht vorbei. Aber Alida hat Veranstaltungen geplant. Wenn Sie mir Ihre Adresse geben, werde ich Sie sicher irgendwann einmal besuchen."

„Gustav, mich interessierte Ihr Wunsch, in die Region Khanlar zu gehen. Leben Ihre Verwandten dort?", fragte Mirza.

„Nein, unsere Verwandten leben dort nicht. Tatsache ist, dass im Jahr 1818 cirka 1.500 deutsche Familien, hauptsächlich Bewohner des Königreichs Württemberg, beschlossen, in den Kaukasus zu ziehen, den sie als heiliges Land betrachteten, wo die Arche des Propheten Noah ruht. Nach ihrer Überzeugung sollte der November 1836 das Ende der Welt bedeuten. Es stimmt, dass sich viele Familien aufgrund von Schwierigkeiten in Odessa niederlassen müssten. Aber es gab diejenigen, die den Kaukasus erreichten. Ihre letzte Station war Helenendorf, also der heutige Stadtteil Khanlar.

Sowohl Alida als auch ich kommen ursprünglich aus Stuttgart. Vielleicht liegt es daran, dass wir schon immer den Kaukasus sehen wollten, den unsere Vorfahren als heilig betrachteten."

Mirza sagte: „Im Laufe der Zeit siedelten sich in einem Teil unseres Dorfes Deutsche an. Auf Befehl des russischen Zaren wurde für sie in dieser Gegend die Siedlung Georgsfeld errichtet. 1941 wurden die Deutschen deportiert und die Siedlung erhielt den Namen Leninfeld. Ich erinnere mich, dass alte Leute die Siedlung früher „Nemsa" nannten. Ihr heutiger Name ist „Chinarli"-Siedlung. Obwohl es selten vorkam, gab es junge Männer, die deutsche Mädchen heirateten." Er fügte mit einem Lächeln hinzu: „Machen Sie sich keine Sorgen, Sie werden mein Gast sein, wenn Sie diese Gegend jemals besuchen möchten. Ich zeige Ihnen alle Siedlungen Ihrer Vorfahren in Aserbaidschan."

Gustav: „Als Archivar habe ich das Archiv der Deutschen untersucht, die vor langer Zeit in den Kaukasus zogen und später von der Sowjetregierung deportiert wurden. Ich habe auch zur Rückkehr vieler Menschen in ihre Heimat beigetragen. Ich kenne die Siedlung Georgsfeld. Soweit ich weiß, ist das von den Deutschen in der Siedlung errichtete „Weingut“ noch in Betrieb.

An diesem Punkt des Gesprächs rief Bakir: „Wenn Ihr Gespräch fertig ist, sammeln Sie ein paar große Steine und bringen Sie sie her.”

Mirza sprach schnell: „Bakir, was denkst du, möchtest du die Grube mit Steinen füllen? Ist es nicht möglich, das Auto mit dem Jiguli herauszuholen?“

Bakir dachte eine Weile nach und antwortete: „Das Risiko ist es nicht wert. Die Grube ist nicht zu tief, sie kann mit Steinen gefüllt werden. Es ist notwendig, die Steine bis zur Unterseite des Rades anzuordnen, danach sollte es selbstständig aus der Grube herausfahren können.”

„Was sagt Bakir?”, fragte Gustav.

Mirza: „Er sagt, wir müssen Steine

sammeln, um die Grube zu füllen."

Alida stand auf, als sie die Worte „Wir müssen Steine sammeln" hörte. Mirza kam zu Alida und blieb stehen. Er warf einen Blick auf Alidas Hände. Als er ihre künstlichen Nägel sah, dachte er laut: „Ihre Nägel sind zu lang. Damit können sie keine Steine sammeln."

Alida versteckte schüchtern ihre Hände hinter ihrem Rücken: „Welche Steingröße sollen wir mitbringen?", fragte sie.

Mirzas wandte sich an Gustav: „Es ist besser, wenn Frau Alida Tee für uns macht. In der Thermoskanne ist kein heißes Wasser mehr. Lass uns Steine sammeln gehen", sagte er und ging zu dem Stein, den er gerade entdeckt hatte.

Es gelang ihm jedoch nicht, den Stein zu bewegen, deshalb beschloss er, ihn zu rollen. Als Mirza diesen Stein zur Grube gebracht hatte, hatte das Ehepaar Gustav und Alida bereits eine große Anzahl unterschiedlich großer Steine zur Grube getragen.

Schließlich türmte sich der letzte Stein unter dem Reifen auf.

„Das reicht, es werden keine Steine mehr benötigt”, sagte Bakir und legte den letzten Stein in die Schüssel.

Nachdem er seine Arbeit beendet hatte, stand Bakir müde auf. Ohne etwas zu sagen, ging er zum „Jiguli”.

Gustav und Mirza begannen jeweils, die Situation zu überprüfen. Zunächst runzelte Gustav ungläubig die Stirn. Mirza verstand auch, was er meinte, weil er ihm zustimmte. Alida beugte sich vor und betrachtete die Grube.

„Sie haben Recht, es ist zu schwierig, das Auto so aus der Grube zu ziehen. Aber weil Bakir einen Ausweg aus der Situation gefunden hatte, ließ er uns auf jeden Fall so viele Steine tragen”, sagte Alida und ging Tee kochen.

„Ich bin sehr müde geworden“, sagte Gustav und setzte sich dem „Jiguli“ gegenüber auf den Boden.

Mirza: „Ich kann mich nicht erinnern, in letzter Zeit so viel herumgelaufen zu sein. Gustav, ruh dich aus. Bakir sagte, dass unsere Arbeit erledigt sei.”

Gustav: „Bakir nahm etwas aus dem Auto und ging zum Hain.”

Mirza: „Er sagte, dass er die Restarbeit selbst erledigen würde.”

Gustav schaute erneut hinter Bakir her.

* * *

„Sie sagten, dass Sie als Archivar die Archive der Deutschen, die in den Kaukasus ausgewandert sind, schon lange untersucht haben. Sie haben sogar zur Rückkehr vieler von ihnen in ihre Heimat beigetragen. Sie haben auch Informationen zu unserem „Chinarli“, dem ehemaligen Georgsfeld”, sagte Mirza und versuchte, das vorherige Gespräch wieder aufzunehmen.

Gustav: „Ja, so ist es. Die Produkte des „Weinguts“ in Georgsfeld wurden auch nach Deutschland exportiert”, sagte er und fragte Mirza: „Was wollen Sie wissen?”

Mirza: „Gab es unter den Deutschen auch einen Bewohner der Siedlung Georgsfeld, dem Sie bei der Heimkehr geholfen haben?"

Gustav: „Vielleicht. Wissen Sie, auf welche Seite der UdSSR die Bewohner der Siedlung verbannt wurden? Denn ich habe mich hauptsächlich mit dem Leben der Deutschen beschäftigt, die von der Sowjetregierung verbannt wurden."

Mirza: „Ich weiß nicht, wohin sie verbannt wurden."

Gustav dachte eine Weile nach und antwortete: „Nein, das ist nicht passiert. Wenn es passiert wäre, hätte ich mich wegen des „Weinguts" daran erinnert", sagte er und lächelte.

Mirza sagte fast schüchtern: „Vor dem Krieg wurde in der Stadt Georgsfeld ein deutsches Mädchen geboren. Sie wurde 1941 nicht verbannt, sondern zog am 13. August 1947 zusammen mit ihrer Mutter und ihrem Vater, der in deutscher Kriegsgefangenschaft war, nach Deutschland. Am 25. August 1961, etwa zwischen 03:00 und

03:10 Uhr, überquerte sie die Grenze von Berlin nach West-Berlin.

Gustav war völlig verwirrt, als Mirza dies so ausführlich erzählte. Er konnte nichts sagen. Nachdem er ein paar Mal geschluckt hatte, wollte er doch etwas sagen, aber seine Stimme versagte.

„Mirza, Sie haben die Jahre, Monate, Tage und Stunden so genau gesagt, dass ich vor Erstaunen sprachlos war", sagte Gustav, ohne seine Überraschung zu verbergen.

„Ich interessiere mich für dieses Mädchen", sagte Mirza, stand auf, sah Bakir, der Stücke Holz in seinen Armen trug, und ging, um ihm zu helfen.

Bakir gab Mirza die Holzstücke und kehrte zurück. Gustav näherte sich Mirza, um zu helfen.

Mirza: „Gehen Sie Bakir nach, er wird wahrscheinlich Hilfe brauchen."

„O. k.!", sagte Gustav und ging zu Bakir.

Mirza legte die Holzstücke auf die

Motorhaube des Mercedes, nahm sie dann einzeln und ordnete sie auf den Steinen in der Grube an.

„Mirza, der Tee ist fertig", sagte Alida und zeigte auf die Decke.

Obwohl er allzu gern Tee trinken wollte, wartete Mirza auf die Ankunft von Gustav und Bakir. In Gustavs Armen lagen Holzstücke, und in Bakirs Armen lag eine Menge Waldefeu.

Als Bakir den „Jiguli" erreicht hatte, legte er seinen Hut ab und begann, im Kofferraum nach etwas zu suchen. Gustav legte die Scheite in der Nähe von Mirza auf den Boden. Beide warteten ab, was Bakir tun würde.

Als Bakir sie erreicht hatte, war er überrascht: „Wo sind die Holzstücke, die ich dir gegeben habe?", fragte er.

„Wo werden sie wohl sein? Ich habe sie in die Grube gesteckt", sagte Mirza fröhlich.

Bakir: „Frau Alida hat Tee gekocht.

Trinke deinen Tee und ich mache meinen Job”, sagte er und begann, die Holzstücke zu entfernen, die Mirza in der Grube ausgelegt hatte.

„Es gibt nichts zu tun für dich.” Mit diesen Worten hielt Mirza Gustavs Arm. „Lass uns unseren Tee trinken gehen.”

* * *

Diesmal wollte Gustav mit Mirza sein unvollendetes Gespräch fortsetzen. Er nippte an seinem Tee und sagte: „Mirza, wenn es nicht um ein Mädchen gegangen wäre, hätte ich gedacht, dass Sie mir von Ihrem Schicksal erzählt haben. Ich habe die Jahre, Monate, sogar Tage verstanden. Aber es ist jedoch nicht glaubwürdig, sich an die Stunde und Minute des Ereignisses vor 32 Jahren zu erinnern. Entschuldigung, was Sie gesagt haben, kann nur Ihrer Fantasie entsprungen sein.“

Mirza wandte sein Gesicht Alida zu und deutete mit dem Kopf auf Gustav: „Sagen Sie Ihrem Mann, dass es im Gespräch um das deutsche Mädchen geht”, sagte er und wandte sich an Gustav. „Sie haben Recht, wenn ich das von jemandem gehört hätte, hätte ich es kaum so genau im Gedächtnis behalten können. Wenn ich solche Fähigkeiten hätte, wäre ich Journalist oder Schriftsteller geworden.

„Also … Sie …“, sagte Gustav und setzte seine Worte nicht weiter fort.

„Ja, ich war an einem der Schicksalsereignisse dieses Mädchens beteiligt”, sagte Mirza und stand auf.

„Gott weiß, ob Elke es sicher nach West-Berlin geschafft hat oder nicht. Auch wenn sie es geschafft hat, lebt sie noch? Auf jeden Fall möchte ich Sie nicht zu sehr belästigen und Ihre Zeit in Anspruch nehmen. Nun, lassen Sie uns gehen und Bakir helfen. Wir selbst haben es nicht eilig, aber Sie müssen trotzdem nach Kazbegi. Alida, danke für den leckeren Tee.” Er nahm Gustavs Hand und half ihm, aufzustehen.

„Wir danken Ihnen nicht nur für den Tee, sondern für alles. Gott weiß, wie lange wir ohne Bakir und dich hier festsitzen würden.

Haben Sie eine kleine Tochter oder Bakir eine kleine Enkelin?", fragte Alida.

Mirza verstand, warum Alida danach fragte: „Ich brauche nichts. An welchem Tag brauchen wir einander?“, sagte er, packte Gustav am Arm und zog ihn zu Bakir.

* * *

„Sage Gustav, dass er den Motor starten soll", sagte Bakir, bückte sich vor dem Auto und hob seine rechte Hand.

Nachdem er den Motor gestartet hatte, folgte Gustav Bakirs Handzeichen, fuhr das Auto langsam zurück und stoppte es einige Meter vom Auto entfernt.

Alida konnte ihre Freude nicht verbergen: „Ich wollte gar nicht glauben, dass es möglich sein könnte, das Auto ohne Kran aus der Grube zu hieven. Bakir ist ein Erfinder." Alida ging auf Bakir zu und schüttelte ihm die Hand. „Vielen Dank. Sie haben uns enorm geholfen", sagte sie und sah Mirza an, damit er ihre Worte übersetzen sollte.

Mirza übersetzte, was Alida zu Bakira sagte. Auch Gustav stieg aus dem Auto, schüttelte Bakirs Hand und dankte ihm herzlich.

„Nichts zu danken. Wir haben getan, was wir konnten. Wir wünschen Ihnen, dass Sie sicher in Ihre Heimat zurückkehren. Mögen Sie unterwegs nicht noch einmal in eine so unangenehme Situation geraten", fuhr er nach der Übersetzung seiner Worte fort. „Nun komm, lasst uns alle etwas essen und unseren Weg fortsetzen", sagte er und ging auf den „Jigulu" zu.

Bakir holte hastig die Reisetasche aus dem Auto und stellte sie auf das Gras. Er holte eine große Decke aus dem Auto und breitete sie auf dem Boden aus.

„Frau Alida, meine Frau hat für zwei Tage Essen für unsere Reise bereitgestellt." Er öffnete die Tasche, nahm das Essen heraus, rief die Namen auf und begann, es auf die Decke zu legen: „Gurke, Tomate, Koriander, Zwiebel, Schnitzel, Kotelett, gekochtes und auch gebratenes Hähnchen." Er hob das gekochte Hähnchen hoch und zeigte es allen. „Bitte, guten Appetit!“, sagte er und lud alle auf die Decke ein.

Alida und Gustav beobachteten Bakirs Verhalten mit Interesse. Sie verstanden nicht, was er tun wollte. Sobald sie das gekochte Hähnchen sahen, wurde ihnen klar, wo das Problem lag.

Zunächst weigerte sich Alida, sich der Decke erneut zu nähern. Nachdem Mirza übersetzt hatte, was Bakir gesagt hatte, kam Gustav auf sie zu.

„Wir schulden dir etwas”, sagte er und umarmte Bakir. „Zuerst entschuldigen Sie uns. Wir haben keine Zeit, bei Ihnen zu sitzen. Mirza nannte den Namen Ihres Dorfes und wie ich Sie im Dorf finden können. Wenn ich das nächste Mal in den Kaukasus komme, werde ich auf jeden Fall Ihr Gast sein. Zweitens hat keiner von uns Hunger, wir haben uns kurz vor Ihrer Ankunft satt gegessen.”

In der Zwischenzeit nahm Alida zwei Pakete aus ihrem Auto und legte sie trotz Mirzas Protest auf den Rücksitz des

„Jiguli.”

Sie verabschiedeten sich sehr freundlich. Gustav startete den Motor, als Alida einstieg, kurbelte das Fenster herunter und wedelte mit der Hand.

Das Auto fuhr davon und Bakir setzte sich an die Decke. Mirza schaute sich um, bis das Auto verschwand und fiel in einen Traum.

Setz dich, iss dein Brot. Wir müssen auch los. Wovon träumst du?“, fragte er.

„Nichts“, sagte Mirza widerwillig und setzte sich an die Decke.

Mirza steckte einen Bissen Brot in den Mund und dachte in seinem Herzen: „Nach all den Jahren hoffte ich, etwas über Elkes Schicksal zu erfahren. Schade. Ich muss Elke in meinem Herzen begraben.”

Bakir: „Zuerst muss man gekochtes Hähnchen essen … und das gebratene für später aufbewahren”, sagte er, schnitt das gekochte Hähnchen in Stücke und fragte: „Was hat Alida ins Auto gelegt?”

„Ich weiß es nicht genau, aber es schien mir, dass es Frauenkleidung war. Sie hatte mich gerade gefragt, ob ich eine Tochter oder du eine kleine Enkelin hätte", antwortete Mirza und begann zu essen.

Nicht lange danach sah Bakir, wie Gustavs Auto angefahren kam und auf sie zubog. Er stand schnell auf: „Hat Gustav hier etwas vergessen?“, fragte er.

„Das glaube ich nicht“, sagte Mirza und stand auch auf.

* * *

Gustav hielt das Auto neben dem „Jiguli“ an. Er stieg aus dem Auto, öffnete die Tür von der Seite, wo Alida saß, und streckte ihr seine Hand entgegen. Alida stieg widerwillig aus dem Auto.

„Gustav, habt ihr etwas vergessen?“, fragte Mirza.

Gustav antwortete fröhlich: „Nein, wir haben nichts vergessen. Aber ich habe vergessen, dass ich hungrig war", sagte er und lächelte. „Also beschlossen wir, zurückzukehren.“

Mirza: „Kommen Sie.” Er lud sie zum Essen ein.

Gustav half Alida, sich zu setzen.

* * *

Bakir legte einige der Segnungen vor den Gästen auf die Decke und sah Alida an: „Trinken Sie etwas. Wenn Sie in unser Dorf kommen, werde ich zu Ehren von Frau Alida einen schwarzen Widder schlachten, dessen Fleisch sehr lecker ist. Damit wird Kebab köstlicher. Der Geschmack des von meiner Frau zubereiteten Spießes wird in eurem Gaumen bleiben.” Er drehte sich um und sah Mirza an, damit er übersetzte, was er sagte.

Mirza: „Bakir, äußere deine Meinung in literarischer Sprache, damit ich sie leichter übersetzen kann. Du verwendest so viele Interpunktionen, dass es mir schwerfällt, sie zu übersetzen”, sagte er und übersetzte das, was beide gesagte hatten, ins Deutsche.

Alida dankte Bakir für die freundlichen

Worte. Bakir blickte zu Gustav, ohne auf die Übersetzung von Alidas Worten zu warten: „Mögen Sie Cognac aus dem Eichenfass?"

Gustav: „Ja, Cognac ist eines meiner Lieblingsgetränke. Aber wenn ich als Gast komme, würde ich den Wein Ihres Weinguts bevorzugen."

„Für unseren Wein gibt es kein Wort", sagte Bakir stolz. Dann wandte er sich an Alida und fügte hinzu: „Dieses Weingut wurde bereits von den Deutschen erbaut und ist noch heute in Betrieb."

Gustav legte das Stück Brot auf den Tisch: „Lassen Sie mich mit Ihrer Erlaubnis gleich auf den Grund unserer Rückkehr eingehen. Mirza, Sie müssen nicht übersetzen, was ich jetzt sagen werde. Ich weiß, dass Kaukasier es nicht mögen, wenn andere über ihre Frauen oder Freundinnen reden. Deshalb würde ich gerne ein persönliches Gespräch mit Ihnen führen", sagte Gustav und stand auf.

„Ja bitte, ich bin bereit", sagte Mirza und

stand auf.

Gustav nahm Mirza bei der Hand und zerrte ihn zum Hang: „Mirza, ich würde gerne nach dem deutschen Mädchen fragen, über das Sie vorhin gesprochen haben. Ich weiß nicht, ob das Mädchen Ihre Freundin ist oder nicht. Auf Alidas Vorschlag hin habe ich beschlossen, privat mit Ihnen zu sprechen. Deshalb sind wir zurückgekommen. Wenn es für Sie nicht schwierig ist und auch kein Geheimnis ist, würde ich Sie bitten, mir von dem deutschen Mädchen zu erzählen.

Mirza lächelte: „Elke, ein deutsches Mädchen, wurde in unserem Dorf geboren. Ihre Mutter Mary arbeitete als Lehrerin im Nachbardorf, deshalb wurde sie 1941 nicht deportiert. Nach dem Krieg befand sich in der Nähe des Dorfes ein Lager für deutsche Kriegsgefangene, die beim Bau einer Eisenbahn zum Transport von Erzen aus den Bergen arbeiteten. Gleichzeitig arbeitete Mary im Auftrag der Bezirksverwaltung auch als Krankenschwester im Lager. 1947 wurde bekannt, dass der Häftlingsarzt des Lagers unschuldig war und im Krieg sogar sowjetische Soldaten medizinisch versorgt hatte. Der deutsche Arzt wurde freigelassen. Der Arzt heiratete Mary, sobald er entlassen wurde. Als er nach Deutschland zurückkehrte, nahm er Mary und ihre 15-jährige Tochter Elke mit. Ich war ein Kind, als Elke Aserbaidschan verließ, ich erinnere mich kaum an ihr Gesicht."

Gustav fragte überrascht: „Woher haben sie denn so genaue Informationen über Elke?"

„Elke selbst hat es mir erzählt", antwortete Mirza ruhig.

Gustav: „Mirza, seien Sie nicht beleidigt, was Sie sagen, passt in keine Logik. Einerseits sagen Sie, dass Sie Elkes Gesicht nicht richtig gesehen habt, andererseits sagen Sie, dass Sie die Informationen von ihr erfahren haben. Ich bin völlig verwirrt. Was ist das für ein Geheimnis?", fragte er.

Mirza dachte eine Weile nach und steckte seine Hand in die Tasche und suchte nach etwas. Er fand nicht, was er suchte, zog seine Hand aus der Tasche und begann, sich die Stirn zu reiben. Er hatte das Gefühl, dass Gustav von seinen Taten überrascht sein könnte: „Entschuldigung, ich bin aufgeregt. Ich habe vor einem Jahr mit dem Rauchen aufgehört."

„Ich bin Nichtraucher, aber Alida raucht ab und zu. Warten Sie mal, ich hole ihre Zigarette aus dem Auto", sagte Gustav und wollte zum Auto gehen.

Mirza: „Nein, das ist nicht notwendig. Ich komme auch ohne Rauchen zurecht."

Gustav: „Dann seien Sie nicht aufgeregt, niemand außer uns beiden kann unser Gespräch hören", sagte er und wollte ihn trösten.

„Um ein Geheimnis über das deutsche Mädchen zu verraten, das ich seit mehr als dreißig Jahren in meinem Herzen trage?", sagte sich Mirza.

Gustav: „Wenn es möglich ist, erzählen Sie alles über Elke. So können Sie sich erleichtern, und vielleicht ist Elke unsere

Hilfe wert. Was war der Grund, dieses Geheimnis mehr als dreißig Jahre lang in Ihrem Herzen zu tragen?"

Mirza: „Es wird für Sie schwierig sein, den Grund zu verstehen."

Gustav: „Warum?"

Mirza begann langsam zu sprechen: „Um den Grund zu verstehen, hätten Sie in der UdSSR leben müssen. Zu Sowjetzeiten gab es Geheimnisse, die man im Herzen behalten musste. Wenn Sie das nicht konnten, würde Ihnen der KGB in dieser Angelegenheit „helfen". Diese Sache mit Elke war eines der Geheimnisse, die ich ganz tief in meinem Herzen vergraben musste. Wenn wir uns letztes Jahr an diesem Ort und in dieser Situation getroffen und kennengelernt hätten, wäre ich nicht auf die Idee gekommen, Ihnen dieses Geheimnis zu verraten oder auch nur Elkes Namen zu erwähnen. Die Zeit hat sich ein wenig geändert, doch es ist nicht bekannt, ob es so bleiben wird. Mir wäre nie in den Sinn gekommen, dass ich jemals jemandem Elkes Geheimnis verraten würde. Doch unser zufälliges

Treffen hier ließ mich an die Möglichkeit glauben, Neuigkeiten von Elke zu erfahren. Gerade habe ich mich von Ihnen verabschiedet und in meinem Herzen auch von Elke.”

Gustav: „Mirza, es scheint, dass ich Sie langsam verstehe. Bitte seien Sie nicht aufgeregt, sondern versuchen Sie, sich klar und deutlich zu äußern. Wenn Sie Elke wirklich helfen wollen, sollten Sie alles erzählen, was Sie wissen. Denn irgendein Wort oder Ereignis, das man selbst vielleicht nicht für wichtig hält, kann ausschlaggebend dafür sein, Elke zu finden.“

„Wenn ich so spreche, wird es lange dauern. Sie müssen los.” Mirza schaute auf seine Uhr.

„Keine Sorge, der Hauptgrund für unsere Rückkehr sind Sie und Elke. Ich höre Ihnen aufmerksam zu. Wenn Sie nicht dagegen sind, würde ich gern aufzeichnen, was Sie zu erzählen haben, okay?

„Bitte, ich habe nichts dagegen”, sagte Mirza und begann zu erzählen: „Ich war im

Militärdienst in Deutschland. Im Gymnasium, das ich besuchte, wurde die deutsche Sprache unterrichtet. Ich habe mich im Deutschkurs von allen anderen abgehoben. Im Militärkommissariat wusste man, dass ich sehr gut Deutsch sprach. Vielleicht schickten sie mich deshalb zum Militärdienst nach Deutschland. Bei politischen Diskussionen in der Militäreinheit las ich unter Aufsicht von Offizieren Artikel in lokalen Zeitungen und Zeitschriften und übersetzte sie für die Soldaten. Dann wurde ich für eine Weile in die Garnison geschickt. Ich habe gelernt, fließend Deutsch zu sprechen."

„Wie waren Ihre Kenntnisse der russischen Sprache, weil Russisch die Hauptsprache war?", fragte Gustav interessiert.

„Ich konnte mich artikulieren. Nicht sehr gut schreiben, aber ich habe versucht, fließend zu sprechen. Im Allgemeinen macht jeder etwas besser als andere. Einige im Sport … einige in der Musik … und meine Sprachkenntnisse waren sehr gut. Auch meine Englischkenntnisse waren zufriedenstellend", sagte Mirza auf Englisch und lächelte.

Gustav legte Mirza die Hand auf die Schulter: „Ich kann weder Sport treiben noch tanzen. Obwohl ich keine Lust habe, die Sprache zu lernen, bin ich nicht schlecht in Englisch. Aber ich habe auch ein ausgezeichnetes Gedächtnis!", sagte er.

Mirza sprach weiter: „Unsere Militäreinheit befand sich in der Nähe von Berlin, nahe der Grenze. Nachts rief mich der Leiter der politischen Abteilung an. Er sagte, er wolle mit mir nicht als Offizier-Soldat, sondern als Kommunist sprechen. Er erklärte, dass die Lage an der Grenze sehr ernst sei. Deutsche Soldaten bräuchten Hilfe für den Schutz der Grenze. „Das Kommando hat großes Vertrauen in Sie als vorbildlichen Soldaten gesetzt." Er flüsterte, dass die deutschen Soldaten denjenigen, die versuchten, die Grenze zu überqueren, eher halfen als sie zu behindern. Sie versprachen mir, mich in die Kommunistische Partei aufzunehmen und schickten mich zurück in die Garnison. Sie versammelten viele weitere deutschsprachige Soldaten in der Garnison und haben uns mehrere Tage lang trainiert. Dann wurden wir zusammen mit deutschen Soldaten zur Grenzüberwachung geschickt. Unsere Hauptaufgabe bestand darin, die deutschen Soldaten sozusagen zu kontrollieren, damit sie keine einheimischen Deutschen nach Westdeutschland durchließen. Eine Zeit lang bewachten wir mit deutschen Soldaten die Grenze. Später zogen sie uns deutsche Soldatenuniformen an und schickten uns allein zur Grenzbewachung."

„Was machten die deutschen Soldaten in diesem Moment?", fragte Gustav interessiert.

„Im August 1961 wurde Marschall Konjew gerade zum Oberbefehlshaber in Deutschland ernannt. Zu dieser Zeit wurde mit dem Bau der Berliner Mauer begonnen. Deutsche Soldaten waren an dieser Arbeit beteiligt. Unsere Hauptaufgabe bestand darin, niemanden auf irgendeine Weise über die Grenze zu lassen. Bei Bedarf war es auch erlaubt, Flüchtlinge zu erschießen, sofern diese nicht aus dem von Ihnen geschützten Gebiet heraus die Grenze überschritten. Das war die geheime Aufgabe des Kommandos. Damals lernte ich Elke kennen."

„Hat Elke in der Militäreinheit gedient?", fragte Gustav.

Mirza: „Nein, sie hat nicht in der Militäreinheit gedient. Sie war nur eine von denen, die die Grenze überqueren wollten. Wenn Gott sich seines Dieners erbarmt, wird er die Tür, die er auf der einen Seite verschlossen hat, auf der anderen Seite öffnen."

Mirza erinnerte sich intensiv an sein Treffen mit Elke während seines Militärdienstes und erzählte es Gustav. Gustav bedankte sich für das interessante Gespräch und steckte sein Notizbuch in die Tasche.

„Ich versichere Ihnen, dass ich mich nach meiner Rückkehr nach Deutschland ernsthaft mit Elkes Schicksal beschäftigen werde. Wenn sie noch lebt, verspreche ich, sie zu finden. Jetzt entschuldigen Sie uns, wir müssen fahren“, sagte Gustav und umarmte Mirza.

GEORGSFELD – CHINARLI

Sommermonate 1995 …

Mirzas Hof. Es gibt eine große Belebung im Hof. Es laufen die Vorbereitungen für das Bankett, das morgen zu Ehren von Mirzas Gästen aus Deutschland stattfinden wird. In einer Ecke des Hofes kochen Frauen Dovga, auf der anderen Seite werden die Kräuter geputzt. Die Metzger Dschingis und Sabir zerhacken zwei Schafe, die an einem Baum hängen.

„Wir haben unsere Arbeit beendet. Mit Ihrer Erlaubnis, lassen Sie uns gehen“, sagte Dschingis zu Mirza und wischte sich nach dem Händewaschen die Hand mit einem Handtuch ab.

„Sabir, wovon redet er?“ Mirza zeigte mit dem Kopf auf Dschingis.

„Also, für wen mache ich den Kebab? Es ist fast Mittagszeit. Ich werde euch nicht vor dem Mittagsessen gehen lassen. Jetzt wird Bakir kommen und euch nach dem Essen nach Hause bringen. Setzt euch und spielt eine Partie ‚Nard' (ein Brettspiel wie Backgammon), bis Bakir ankommt", sagte er und zeigte mit dem Kopf auf den Nard-Tisch.

Dschingis und Sabir begannen, Nard zu spielen. Sabir übernahm bald die Führung im Spiel. Nasib war ein Fan von Dschingis.

Mirza beschäftigte sich mit der Vorbereitung von Kebab.

Sabir warf die Würfel und sammelte die Steine im Brett ein und lächelte selbstzufrieden: „Hey Dschingis, stimme deiner Niederlage zu."

Dschingis: „Es ist noch nicht das Ende. Mal sehen!"

Sabir: „Dschingis, schau mal. Ich habe mit deinen Steinen, die ich gewonnen habe, eine Burgmauer gebaut."

Dschingis warf die Würfel und sprach, ohne seine Stimmung zu verschlechtern: „Nun werde ich einen Pasch mit 6 würfeln und deine Burgmauer zerstören. Ist sie fester als die Berliner Mauer? Hast du gesehen, wie Gorbatschow diese Mauer in fünf Minuten zerstörte? Würfele!“

Nasib fragte interessiert: „Onkel Dschingis, haben Sie die Berliner Mauer während der Armee gesehen?“

Dschingis: „Als ich in der Armee war, habe ich die Berliner Mauer gesehen. Ich war zwar nicht in der unmittelbaren Nähe, aber ich weiß mit Sicherheit, dass sie mehr als dreieinhalb Meter hoch war. Von unserem Standort aus war eine zusätzliche Barriere aus Stacheldraht auf der Mauer deutlich zu erkennen, deren Höhe jedoch nicht genau bestimmt werden konnte.“

Nasib: „Onkel Dschingis, du hättest damals ein Foto in der Nähe der Wand machen sollen. Jetzt würde man es als Erinnerung zeigen können.“

Dschingis: „Wovon redest du, wer würde uns in die Nähe der Mauer lassen?“

Nasib: „Es ist schrecklich, von hier auf die andere Seite der Welt zu gehen, aber nichts zu sehen. Sie waren wahrscheinlich kein guter, vorbildlicher Soldat. Aber unser Nachbar Teymur war ein echter Soldat. Jeder brachte ein Erinnerungsalbum mit Fotos von russischen Mädchen in der Armee mit, und Timur brachte ein russisches Mädchen zusammen mit dem Album mit. Bei der Entlassung haben sie sich kennengelernt. Ich habe es von Tante Marina selbst gehört."

Dschingis: „Denke nicht an die Soldaten in der Sowjetunion. In Deutschland gab es keine Entlassung. Was fehlt mir im Vergleich zu Timur? Das Aussehen und auch Sprachkenntnisse … Alles in Ordnung. Er brachte ein russisches Mädchen mit, ich würde zwei mitbringen." Er hielt inne. „Bestenfalls gingen wir mit der Gruppe spazieren. Wir standen unter Kontrolle und sie erlaubten uns nicht, mit irgendjemandem zu sprechen. Was nützt es, wenn es erlaubt gewesen wäre, außer „Hitler kaputt" wussten wir nichts. Ich habe drei Jahre lang gedient. Ich habe nicht nur keinen Kontakt zu einem deutschen Mädchen aufgenommen, sondern auch zu keinem Mann. Niemand hatte eine Entlassung."

Mirza war bekanntermaßen auch in der Armee in Deutschland gewesen und er wandte sich an Mirza: „Herr Mirza, habe ich recht?“

Mirza: „Meine Gedanken waren beim Grill, ich konnte nicht hören, wovon du gesprochen hast. Worüber reden wir?“, fragte er.

Nasib: „Onkel Dschingis sagt, dass er die gesprengte Berliner Mauer gesehen habe. Ich sage, dass man damals ein Erinnerungsfoto neben der Wand hätte machen sollen und man es nun allen zeigen könnte. Er sagt auch, dass Soldaten in Deutschland nicht frei herumlaufen durften. Deshalb konnte er kein Foto machen.“

Dschingis: „Herr Mirza, mein Gott, sage ich nicht die Wahrheit? Haben sie die Soldaten in Deutschland herumlaufen lassen?“

Mirza: „Nein, es war sogar verboten, mit den Einwohnern zu sprechen.“

Dschingis: „Herr Mirza, haben Sie die Berliner Mauer gesehen?“

Mirza: „Nein, zu unserer Zeit hatte man noch nicht mit dem Mauerbau begonnen. Aber es gab schlechte Gerüchte. Die Offiziere flüsterten, dass die Deutschen in Scharen in andere Richtungen davonrannten."

Nasib: „Wohin sind sie gerannt?"

Mirza: „Auf die andere Seite … nach Westberlin."

Nasib: „Ach so. Ich habe verstanden, nach Westberlin."

Mirza versuchte, sich an die Ereignisse zu erinnern: „Es war im Sommer 1961. Nachts rief mich der Offizier zu sich. Er versprach mir, mich in die Kommunistische Partei aufzunehmen und schickte mich zu den deutschen Soldaten."

Nasib: „Sie schützten die Grenze, weil deutsche Soldaten ihre Grenze nicht richtig schützen konnten?", fragte er.

Mirza: „Das Problem war, dass der Grenzübertritt zu dieser Zeit weit verbreitet war. Deutsche Soldaten ließen diejenigen, die die Grenze überqueren wollten, die

Grenze einfach überschreiten. Nachdem die Deutschen die Grenze überschritten hatten, schrien sie herum und feuerten in den Himmel."

Dschingis fragte: „Der Deutsche hat also nicht auf den Deutschen geschossen, der die Grenze überquerte?"

Mirza: „Ja. Zwar waren nicht alle deutschen Soldaten so, aber die meisten von ihnen wollten nicht auf ihre eigene Nation schießen. Berichten zufolge überquerten sogar zahlreiche Soldaten die Grenze, um sich den Grenzverletzern anzuschließen", sagte er und begann, das Kebabfleisch zu würzen und zu vermischen.

Sabir nutzte die Unterbrechung von Mirza, stieß Dschingis an und zeigte auf das Nard-Brett.

Dschingis: „Sabir, lass uns Herrn Mirza zuhören. Ich werde die Festungsmauer einreißen, die ihr bereits errichtet habt, wie die Berliner Mauer", sagte Dschingis langsam.

Mirza streute Gewürze auf das Kebab-

Fleisch und sagte: „Nasib, der gehörnte Widder hat sehr fettes Fleisch. Wenn es kein Salzwasser ist, verbrennen wir den Kebab."

Nasib stand schnell auf, brachte Salz und machte Salzwasser. Dschingis stand hinter dem Tisch auf und ging auf Mirza zu. Auch Sabir kam zu ihnen.

Sabir: „Herr Mirza, haben Sie die Widder in der Scheune gehalten und speziell gefüttert? Wenn die Lende des Widders gerade ist, sollte das Fleisch sehr fett sein. Aber es wird ein weicher und köstlicher Kebab sein."

Dschingis: „Deine Vorhersagen können von mir nicht geglaubt werden. Es ist besser, etwas Wein auf das Fleisch zu geben, damit der Kebab weich wird. Auf jeden Fall ist das hier kein sechs Monate altes Lamm, dessen Fleisch weich wie Baumwolle ist."

Sabir protestierte: „Es ist nicht nötig, dazu etwas Wein zu geben. Natürlich sollte das Fleisch der Widder der Herde, die auf den Hügeln weiden, fest sein. Aber Herr Mirza hat die Widder im Stall gefüttert.

Keine Sorge, die Kebabs werden weich sein."

Nasib hörte den Gesprächen seiner Ältesten aufmerksam zu. Sobald Sabir sein Gespräch beendete, drehte er sich um und sah Lehrer Mirza an. Mirza sah Nasibs fragenden Blick und wollte etwas sagen. Doch abgelenkt von seinen Gedanken vermischte er das Fleisch in der Schüssel mit der Hand, wischte die Spieße sauber ab und begann, sie auf den Spießen anzuordnen.

Es gab einen Moment der Ruhe.

Mirza brach das Schweigen: „Nasib, Dschingis und Sabir äußerten ihre Meinung zu Fleisch und Kebab. Es scheint, dass du schließlich deine eigene Meinung hast. Nun, wahrscheinlich wird deine Meinung für uns interessant sein", sagte er.

Nasib senkte schüchtern den Kopf: „Herr Mirza, erfahrene Metzger äußerten ihre Meinung. Es wäre für mich unangemessen, den Kebab zu kommentieren."

Mirza: „Aber es kam mir so vor, als ob du etwas sagen wolltest.“

Nasib: „Sie haben recht, ich hatte etwas zu sagen, oder besser gesagt, zu fragen. Aber ich wollte Sie nicht durch die Frage von Ihrer Arbeit ablenken.“

Mirza: „Stelle deine Frage. Mach dir keine Sorgen. Ich werde deine Frage während meiner Arbeit beantworten.“

Mirza setzte seine Arbeit fort und betrachtete Nasib von oben bis unten.

Nasib senkte schüchtern den Kopf. Nachdem er einen Moment lang die Berge betrachtet hatte, hackte er das Stroh in seiner Hand in kleine Stücke und legte es auf ein Stück Zeitungspapier auf dem Grill.

Herr Mirza hatte das Gefühl, dass Nasib darüber nachdachte, wo und wie er mit der Frage beginnen sollte. „Er ist jung, lass ihn sich konzentrieren“, dachte er, nahm den Eimer und ging zum unterirdischen Brunnen.

„Herr Mirza, brauchen Sie Hilfe?“,

fragte Sabir.

„Nein, das ist nicht notwendig. Ich kann auch Wasser für das Vieh aus dem Gaj (einen kleinen Graben zur Bewässerung des Hofes) holen. Allerdings nehme ich es im Sommer und Winter aus dem Brunnen. Wasser aus dem Brunnen zu schöpfen bedeutet, Sport zu treiben. Mach dir also keine Sorgen", antwortete Mirza, als er zum Brunnen lief.

Dschingis fragte Nasib interessiert: „Was wolltest du fragen? Ist es eine ernste Frage?"

Nasib sprach langsam: „Ich wollte ihn nach seinem Besuch in Deutschland fragen. Jeder beurteilt seine Reise anders. Einer sagt, er habe einem deutschen Millionär auf dem Berg Kasbek geholfen, und nach seiner Rückkehr in seine Heimat lud ihn der Millionär nach Deutschland ein. Ein anderer sagte auch, dass er während seines Militärdienstes eine Beziehung mit einem deutschen Mädchen hatte. Er suchte nach diesem Mädchen, als die Sowjetunion zusammenbrach."

Sabir sagte mit leiser Stimme, ein Auge auf Mirza gerichtet: „Der Gast, der morgen kommt, ist dieselbe Frau. Sie ist eine alte Frau. Sie ist in unserem Dorf geboren und aufgewachsen."

Nasib sagte, ohne den Blick von Mirza abzuwenden: „Ich wollte nach ihr fragen, aber habe mich nicht getraut. Ich dachte, zumindest könnte es dazwischen ein paar Liebesgespräche geben."

Dschingis sah Mirza auf sie zukommen und versuchte, das Gespräch zu beenden: „Nasib, frag, es lohnt sich, eine Frage zu riskieren", sagte er.

Sobald Mirza auf sie zukam, sagte er zu Nasib: „Komm schon, was möchtest du fragen?"

Nasib begann, langsam zu sprechen: „Herr Mirza, erstens möchte ich Sie nach Ihrer Bekanntschaft mit dem deutschen Millionär in Kazbegi und der Einladung nach Deutschland fragen, und zweitens möchte ich wissen, ob der Gast, der morgen kommt, wirklich unsere Dorfbewohnerin war?"

„Bismillah“, sagte Mirza und fing an, die Fleischstücke auf die Spieße zu stecken. „Die Sowjetregierung war also schon 5-6 Monate zusammengebrochen. Ich musste wegen einer Angelegenheit nach Pjatigorsk, Russland. Ich wollte nicht alleine fahren. Zwar könnte ich mit meinem „Jiguli“ bis ans andere Ende der Welt reisen, aber auf dem langen Weg könnten sich alle möglichen Situationen ergeben. Ich bin mit Bakir gefahren. Kurz gesagt, machten wir uns am 15. Juni auf den Weg. Wir waren weit von der Stadt Kazbegi entfernt, als mir ein schwarzer „Mercedes“ am Straßenrand ins Auge fiel. Ich dachte, die Autobesitzer seien an den Straßenrand gefahren, um sich auszuruhen. Als wir sie erreichten, hatte ich das Gefühl, dass etwas passiert sei. Es stellte sich heraus, dass der Vorderreifen des „Mercedes“ einen Reifenschaden hatte. Kurz gesagt, wir haben ihnen geholfen und das Auto aus der Grube geholt. Wir gaben uns gegenseitig die Adressen. Letztes Jahr wurde ich mit Bakir nach Deutschland eingeladen.“

Nasib: „Stimmt es, dass sie Millionäre

waren?“, fragte er.

Mirza: „Nein, sie waren nur Ehemann und Ehefrau. Der Mann hieß Gustav, die Frau hieß Alida. Es stimmt, dass die Frau eine kleine Fabrik hat, aber der Mann ist ein Archivar. Bakir konnte nicht nach Deutschland fahren, weil er krank war. Sie haben sich einen Monat lang um mich gekümmert“, sagte er und lächelte.

Dschingis fragte: „Warum kam Bakir nicht früh am Morgen?“

Mirza antwortete: „Er ging mit Ilyas auf den Markt.“

Sabir war überrascht: „Ilyas ist ein alter Mann, warum ist er mit ihm auf den Markt gegangen? Konnte er nicht einen der jungen Männer mitnehmen?“

„Er betrachtet Ilyas als seinen Ältesten, weil er viele Jahre sein Mitarbeiter war. In Kazbegi versprach Bakir Alida einen Kebab. Nun gingen Ilyas und Bakir einen schwarzen Widder kaufen. Sie werden wahrscheinlich bald kommen“, sagte Mirza und lud sie zum Teetrinken ein.

Am Tisch saßen sich Mirza und Sabir gegenüber. Dschingis und Nasib siebten Tee aus einem Samowar ab und stellten ihn auf den Tisch. Mirza bedeutete Nasib, sich neben ihn zu setzen.

„Ja, junger Mann, wenn es um die alte Frau geht, die morgen kommt, ihr Name ist Elke, Frau Elke! Sie war wirklich unsere Dorfbewohnerin“, sagte er und erinnerte sich an sein Treffen mit Elke in Deutschland.

In Deutschland

Die kleine Stadt, in der Elke lebt. Gustav hielt das Auto vor dem Seniorenheim an. Als er aus dem Auto aussteigen wollte, drehte er sich um und sah Mirza an.

Vor diesem dem Treffen mit Elke konnte Mirza seine Aufregung nicht verbergen.

„Mirza, du kannst runterkommen, das ist nur ein Pflegeheim“, sagte er lächelnd.

Mirza: „Ich bin sehr aufgeregt, es sind 33 Jahre vergangen. Ich kann mich nicht einmal an Elkes Gesicht erinnern. Im Jahr 1961 war es jedoch unmöglich, ihr Gesicht anzusehen. Ich frage mich, ob sie mich erkennen kann?“, sagte er und stieg langsam aus dem Auto.

Gustav nahm den Blumenstrauß aus dem Auto und kam zu Mirza: „Sie wird dich erkennen, sicher erkennen. Schließlich ist sie eine Heldin des Dorfes Chinarli, auf die es sein ganzes Leben lang stolz war. Sie wartet auf die Ankunft des tapferen Sohnes des

Dorfes Chinarli, auf den sie stolz ist. Ich rufe jetzt an und informiere sie über unsere Ankunft“, sagte er und holte sein Handy aus der Tasche.

Nachdem er ein paar Nummern gewählt hatte, gab er das Anrufen auf und steckte das Handy in die Tasche: „Wer jetzt mit mir zu Elke geht, wird als Mirza akzeptiert“, sagte er und lachte.

Als Gustav und Mirza den Hof des Seniorenheims betraten, sah sich Gustav im Hof um. An einem runden Tisch im Hof diskutierten mehrere Frauen heftig über etwas: „Die Frau im weißen Kleid, die mit dem Rücken zu uns sitzt, ist Elke Hofmann“, sagte er und reichte Mirza den Blumenstrauß.

Mirza blieb stehen, als er die Frauen erreicht hatte. Die Frauen, die Mirza gegenübersaßen, sahen Mirza interessiert an.

„Frau Elke“, sagte Mirza auf Aserbaidschanisch.

Sobald Elke Mirzas Stimme hörte, drehte sie sich zu ihm um und stand auf:

„Hallo, Mirza!“, sagte sie und wollte auf ihn zugehen, aber ihre Beine folgten ihrem Wollen nicht. Sie verlor das Gleichgewicht und fiel auf die Knie. Mirza warf schnell den Blumenstrauß vor Elkes Füße, umarmte sie und hob sie auf die Füße.

Elke konnte ihre Tränen nicht zurückhalten und drückte Mirza fest. Als würde ihr jemand Mirza wegnehmen wollen, packte sie ihn. Der Klang von Gustav und der Applaus der Frauen verbreiteten sich …

Vorbereitungen

Mirza legte seine Hand auf Nasibs Schulter und fuhr fort: „Ihr Großvater Karl war vor dem Krieg einer der Ältesten unseres Dorfes. Sie erinnert sich nicht an ihren Vater. Ihre Mutter Mary arbeitete während der Verbannung sowohl als Krankenschwester als auch als Sprachlehrerin im Dorf Könüllü. Daher gelang es ihnen, der Verbannung zu entgehen. Sayad, der Karrenfahrer, akzeptierte Mary als seine Tochter und Elke als seine Enkelin. Laut Elke nannten sie alle im Dorf früher „Sayads Enkelin." Nach dem Krieg heiratete Mary einen der Häftlinge, die die Dashkasan-Eisenbahn gebaut hatten, und sie zogen nach Deutschland."

„Ich frage mich, ob die Frau ihr Zuhause wiedererkennen kann? Wie alt war sie, als sie nach Deutschland zog?", fragte Nasib lustlos.

„Sie kann es wohl kaum erkennen. Obwohl sie sich nicht an ihr eigenes Zuhause erinnern kann, erinnert sie sich an ihr Zuhause im Dorf Könüllü. Als ich aus Deutschland zurückkam, wollte ich das von ihr beschriebene Haus finden. Das Erscheinungsbild des Dorfes hatte sich stark verändert. Niemand erinnerte sich an Sayads Haus. Ein paar alten fiel ein, dass im Dorf ein Karrenfahrer namens Sayad gelebt hatte, aber sie konnten sich nicht erinnern, wo sein Haus war."

Sabir: „Herr Mirza, hat sich denn niemand an Elke erinnert?", fragte er.

Mirza: „Niemand konnte sich an sie mit dem Namen Elke erinnern", sagte er bedauernd.

Nasib: „Sie sagten schon, dass alle im Dorf sie „Sayads Enkelin" nannten. Hat sich niemand unter diesem Namen an sie erinnert?", sagte er und blickte interessiert in das Gesicht von Mirza.

„Ich habe die alten Leute nach „Sayads Enkelin" gefragt. Keiner der Männer erinnerte sich. Aber von den Frauen doch einige."

Mirza hörte das Geräusch des Autos, das vor dem Hoftor anhielt, und unterbrach seine Rede. „Wahrscheinlich kamen sie nach Bakir und Ilyas“, sagte er und stand auf.

An diesem Punkt des Gesprächs hielt Ilyas das Auto vor dem Tor an und hupte. Bakir stieg aus dem Auto und wollte das Tor öffnen. Nasib stand schnell auf und eilte Bakir zu Hilfe. Als sich das Tor öffnete, fuhr Ilyas mit dem Auto zum Hof, parkte es in der Nähe von Mirza und begrüßte alle freundlich.

„Onkel Ilyas, warum sind Sie erst so spät gekommen?“, fragte Mirza.

„Bakir ist schwer zufriedenzustellen. Wir haben den gesamten Markt durchforstet. Endlich wollte ihm dieser Widder gefallen“, sagte er und öffnete den Kofferraum des Autos.

Dschingis und Sabir stiegen aus dem Auto.

„Herr Mirza, soll der schwarze Widder

jetzt geschlachtet werden?", fragte Dschingis.

Bakir sprach schnell: „Nein, du machst es morgen. Lass Frau Alida sehen, dass Bakir sein Versprechen erfüllt hat, weil ich ihm den Kebab versprochen habe."

Mirza: „Dschingis, schlachte aber den Widder hinter dem Stall", sagte er.

„Warum?", fragte Dschingis überrascht.

„Weil es als schlecht gilt, vor Menschen, insbesondere vor Kindern, ein Tier zu schlachten. Morgen wird dieser Hof voller Menschen mit Kindern und Erwachsenen sein", sagte Mirza und brachte den Widder in den Stall.

„Nasib, vielleicht lädst du uns zum Samowar-Tee ein?", sagte Bakir und lud alle an den Teetisch ein.

Mirza kam aus dem Stall zurück und setzte sich an den Tisch. Nasib stand vor ihm und füllte Tee in ein Glas.

„Warum setzt du dich nicht?", fragte

Mirza Nasib.

Nasib: „Ich habe meinen Tee getrunken“, sagte er und beugte den Hals.

Sabir sah Mirza an, lächelte und nickte Nasib zu: „Er interessiert sich für die Enkelin von Sayad.“

Mirza: „Ja, Nasib, ich traf fast alle alten Leute des Dorfes. Keiner der Männer erinnerte sich.“

Sabir: „Das ist nicht verwunderlich … wie viele Jahre sind vergangen.“

Mirza fuhr fort: „Aber eine der Frauen erinnerte sich. Sie riete mir, eine alte Frau zu treffen, die in der Nähe des Bahnhofs Alabashlı wohnt. Ich fragte die Frau: „Erinnern Sie sich an Sayads Enkelin?“ Sie erinnerte sich, dass sie mit ihr in derselben Klasse war. Sie versuchte, sich an den Namen des Mädchens zu erinnern, es gelang ihr nicht“, sagte er und wollte seinen Tee trinken.

Ilyas hörte dem Gespräch aufmerksam zu und stellte das Glas langsam auf die

Untertasse: „Ihr richtiger Name war Elke“, sagte er selbstbewusst und sah in Mirzas Gesicht.

Mirzas war überrascht von dem, was er hörte. Obwohl er das Glas von seinen Lippen nahm, konnte er es nicht in der Hand halten und stellte es mit Mühe auf die Untertasse. Alle sahen Mirza und Ilyas überrascht an.

„Elke. Elke Hoffmann. Der Name ihrer Mutter war Mary“, sagte Ilyas und senkte den Kopf.

Es herrschte tiefe Stille. Mirza war verwirrt und wusste nicht, was er sagen sollte. Er konnte sich nicht vorstellen, dass die Person, die vor ihm saß, die er seit seiner Kindheit als Fahrer der Kolchose kannte, einst der Verlobte des deutschen Mädchens Elke war. Ilyas verlor in jungen Jahren seine Frau. Er wurde nicht nur Vater, sondern auch Mutter seines einzigen Sohnes. Er ist jetzt Großvater von drei Kindern. In seiner Jugend war er ein gelernter Kämpfer und gilt heute als einer der angesehensten Ältesten des Dorfes.

Mirza: „Onkel Ilyas, kannten Sie Elke?“, fragte er.

„Ilyas‘ Vater war Eisenbahner. Nach dem Krieg arbeitete er mehrere Jahre am Bahnhof Alabashli. Ilyas hat dort die Schule besucht.“ Bakir sprach vor Ilyas.

Ilyas trank einen Schluck Tee: „Ja, ich kannte sie.“

„Ist es möglich, ein Gespräch unter vier Augen mit Ihnen zu führen?“, fragte Mirza im Stehen.

Ohne etwas zu sagen, stand Ilyas vom Stuhl auf. Herr Mirza griff in seinen Arm und zog ihn zur Seite. Sie blieben stehen, als sie den Brunnen erreichten.

Mirza fragte halb schüchtern: „Onkel Ilyas, kannten Sie Elke?“

Ilyas: „Ja.“

Mirza: „Wissen Sie, ob Elke außer Ihnen noch einen Bekannten namens Ilyas hatte?“, fragte er interessiert.

„Nein, hatte sie nicht“, sagte Ilyas entschlossen mit leiser Stimme.

„Wann haben Sie Elke das letzte Mal getroffen? Es stellt sich heraus, dass Sie Elkes …“

Ilyas sagte traurig: „Als ich in der Armee war, erfuhr ich, dass Mary einen deutschen Gefangenen geheiratet hatte und später mit ihrer Tochter Elke nach Deutschland gezogen war.“ Er drehte seinen Kopf zum Bahnhof Alabashli. „Ich habe diese Gegend seit fünfzig Jahren nicht mehr betreten“, sagte er und versuchte, sein trauriges Gesicht vor Mirza zu verbergen.

Als Mirza den Zustand von Ilyas sah, schmerzte es ihn für einen Moment im Herzen. Er riss sich zusammen: „Ich verstehe Sie. Ich glaube, dass unser Gast morgen deine Elke ist!“, sagte er und umarmte Ilyas.

So standen sie eine Weile da. Schließlich riss sich Ilyas zusammen: „Von dem Moment an, als wir Elke verließen, bis heute, machte ich mir große Sorgen um ihr Schicksal. Ich wusste nicht, ob sie tot oder am

Leben ist. Vielen Dank, dass du Elke gefunden hast.“

Ilyas hielt inne. „Mirza, weißt du etwas über das Schicksal von Elkes Mutter Mary?“, fragte er.

Mirza sagte mit Bedauern: „Mary und Elkes Stiefvater Heinrich werden seit 1962 gemeinsam vermisst. Nach der Zerstörung der Berliner Mauer wurde bekannt, dass beide mit mehreren anderen beim Versuch, die Grenze zu überqueren, in einem Abwasserkanal ums Leben kamen.“

Letztes Kapitel – Elkes bittere und süße Liebe

Am nächsten Tag, früh am Morgen, begann die Neubelebung im Hof von Mirza.

Die Dorfbewohner zeigten großes Interesse an dem Fest, das heute zu Ehren der aus Deutschland angereisten Gäste organisiert wurde. Fast jeder hat aus den schönsten Blumen seines Gartens einen Kranz gebastelt. Als ob sie zum Blumenfest in Holland eingeladen wären.

„Bis zum ersten Sonntag vom September bleibt noch viel Zeit." Nasib neckte die Bewohner, die mit einem Blumenkranz kamen.

Auf der einen Seite des Hofes waren Frauen damit beschäftigt, warme Gerichte zuzubereiten.

Junge Männer und Frauen versuchten, als bereiteten sie sich auf eine Hochzeitszeremonie vor, die geschmackvoll gedeckten

Tische auf beiden Seiten des Hofes im europäischen Stil zu dekorieren. Gemäß der Anweisung von Mirza wurde oben im Hof ein separater Tisch für zwei Personen aufgestellt.

Jeder war mit seiner eigenen Arbeit beschäftigt. Die Amateurmusiker des Dorfes probten vor dem Tor Musikstücke.

Elkes Besuch weckte auch das Interesse des Bürgermeisters. Nachdem der den Hof betreten und alle begrüßt hatte, ging er auf Mirza zu: „Herr Mirza, nach einstimmigem Beschluss der Gemeindemitglieder wurde Frau Elke zur Ehrenbürgerin der Siedlung Chinarli gewählt", sagte er und reichte ihm eine Karte, die er aus seiner Tasche zog. – „Das ist die Bestätigung der Ehrenbürgerschaft. Schauen Sie sich auch den auf Deutsch verfassten Teil an, ich denke, er ist fehlerfrei geschrieben."

Mirza erhielt das Zertifikat und überprüfte es: „Es ist fehlerfrei geschrieben, Sie können es jederzeit vorlegen." Er gab die Karte zurück. „Wer hat sie ins Deutsche übersetzt?"

Bürgermeister: „Natürlich deine Lieblingsschülerin und meine Enkelin, Fatima!“, sagte er stolz und zeigte auf seine Enkelin, die gerade den Tisch dekorierte.

„Gut gemacht!”, sagte Mirza, dachte einen Moment nach und rief Fatima zu sich.

Fatima gab das Geschirr in ihrer Hand einem anderen Mädchen und kam schnell zu ihnen.

„Fatima, welcher der Jungen kann fließend Deutsch?”, fragte Mirza.

„Said!”, antwortete Fatima, ohne nachzudenken.

Mirza: „Du triffst unsere Gäste gemeinsam mit Said am Flughafen. Geh, übe!“, sagte er und zeigte Fatima, sie solle sich sputen.

Zu diesem Zeitpunkt öffnete sich das Tor und Ilyas‘ Auto fuhr auf den Hof. Bakir stieg schnell aus dem Auto und öffnete den Kofferraum. Mithilfe von Ilyas hievten sie ein 50-Liter-Fass aus dem Auto. Alle blickten interessiert auf das Fass.

Mirza schaute sich das Fass genau an und fragte überrascht: „Bakir, was ist das?”

Bakir: „Für Gustav hatte ich vom letzten Jahr ein Fass Wein bestellt.” Er zeigte mit der Hand auf die jungen Männer. – „Stellen Sie das Fass auf den Stumpf”, sagte er.

Sobald die jungen Männer das Fass auf den Baumstumpf gestellt hatten, holte Bakir einige Glasbehälter aus dem Auto und stellte sie auf den Tisch.

Bakir: „Der Direktor der Fabrik hat Frau Elke auch nicht vergessen. Er wird Elke Proben von Weinen überreichen, die die Deutschen vor dem Krieg hergestellt haben.”

Mirza schaute auf seine Uhr und rief Fatima und Said zu sich. Er gab ihnen seine Ratschläge zur Begrüßung von Gästen: „Neben dem Haus steht ein holländischer Rosenstrauch. Schneiden Sie eine gleichgroße Blume ab und nehmen Sie sie mit. Ich werde Ihnen am Flughafen sagen, wem Sie sie gegeben sollen“, sagte er und wandte sein Gesicht den Menschen zu. – „Es ist fast

Zeit für die Landung des Flugzeugs, wir müssen los."

* * *

Am Flughafen Ganja. Die Autos aus Chinarli fuhr in den Flughafen ein. Die Dorfbewohner, die den Gästen entgegenkamen, stiegen aus und versammelten sich. Fast jeder hatte einen Blumenstrauß. Fatima und Said hielten Dornenrosen in ihren Händen.

Mirza nahm die Rose aus Saids Hand und gab ihm den Blumenstrauß, dann sprach er zu dem Mädchen: „Fatima, wie gesagt, du begrüßt zuerst die Gäste..

Sobald Mirza seine Rede beendet hatte, ertönte die Durchsage der Landung des Flugzeugs.

„Werden Sie die Gäste erkennen können?", fragte Mirza besorgt.

Fatima: „Keine Sorge, wir werden sie erkennen. Zuerst treffen wir sie und holen sie hierher."

Es war nicht schwer, Ausländer unter den Flugzeugpassagieren zu erkennen, die sich der Passkontrolle näherten.

Fatima ging zuerst auf Frau Elke zu. Sie begrüßte sie im Namen der Bewohner von Chinarli und überreichte ihr eine Rose. Sie begrüßte auch Gustav und Alida freundlich.

Said begrüßte Elke und Gustav: „Frau Elke, wie fühlen Sie sich, wie ist Ihre Stimmung? Hat Sie die lange Reise ermüdet?“, fragte er.

Elke lächelte: „Was gibt es Schöneres, als nach vielen Jahren in die Heimat, die Heimat der Vorfahren, zurückzukehren? Ich habe gute Laune. Ich fühle mich sehr fröhlich“, sagte sie.

Said begrüßte Alida: „Dorfbewohner und Herr Mirza warten vor dem Flughafen auf euch. Kommen Sie bitte“, sagte er und deutete mit der Hand auf die Ausgangstür.

Als er die Ausgangstür erreichte, drehte sich Said um und sah Fatima an. Fatima und Alida verstanden, was Said wissen wollte, und beide gaben ihr den Daumen nach oben in Form von „ausgezeichnet“.

Sobald sie das Flughafengebäude verlassen hatten, blieben Fatima und Said stehen.

„Herr Mirza, Bakir und die Dorfbewohner grüßen Sie“, sagte Fatima und zeigte auf die Menschen, die draußen standen und Blumensträuße schwenkten.

Gustav wollte zu ihnen gehen. Er hatte jedoch das Gefühl, dass weder Mirza noch Fatima und Said sich bewegen würden und sah Alida überrascht an. Alida bedeutete ihm, geduldig zu sein.

Fatima: „Frau Elke, es ist in Chinarli ein Brauch. Die Landsleute möchten Sie kennenlernen. Es wird besser sein, gleich zu ihnen zu gehen.”

Elke glättete ihr Haar, und eine Rose in der Hand haltend, wollte sie auf die Dorfbewohner zulaufen.

Alida flüsterte ihr ins Ohr: „Es ist wahrscheinlich Ilyas, der allein in der Mitte steht.“

Als Elke Ilyas' Namen hörte, änderte sich ihre Stimmung völlig. Von der vorherigen Fröhlichkeit war keine Spur mehr zu sehen. Sie wollte einen Schritt nach vorne machen, doch ihre Beine folgten ihren Worten nicht.

Um den Schmerz ihrer 48-jährigen Liebe loszuwerden, sagte sie „Ilyass …“ und wollte schreien, aber ihre Stimme versagte. Sie sah Ilyas an.

Alida und Gustav ergriffen schnell ihre Hand. Als Elke sah, dass Ilyas auf sie zukam, riss sie sich zusammen. Sie schob die Hand von Gustav und Alida weg und begann langsam auf ihre ewige Liebe zuzugehen.

Über die Verbannung der Deutschen in Russland während des 2. Weltkrieges:

(Quelle Wikipedia)

Bis Juni 1942 registrierten die sowjetischen Sicherheitsapparate 1.209.430 deportierte Deutsche in der Sowjetunion . Damit wurden gemessen an den Zahlen der Volkszählung von 1939 etwa 82 Prozent der deutschstämmigen Sowjetbürger deportiert.[17]

Familien wurden auseinandergerissen, die Menschen wurden mit Viehwaggons transportiert und irgendwo in den Steppen Kasachstans „abgekippt“, wo sie sich Erdhütten gruben und mit Entsetzen dem bevorstehenden Winter entgegensahen. Wieder andere wurden Kolchosen zugewiesen und mussten dort nach Überlebensmöglichkeiten suchen, die man den „Faschisten„ eigentlich gar nicht zubilligte. Gleichzeitig wurden ihre staatsbürgerlichen Rechte aberkannt und ihr Eigentum bis auf ein geringes

Handgepäck eingezogen. Die meisten von ihnen waren im Alter zwischen 14 und 60 Jahren und mussten in Arbeitslagern unter unmenschlichen Bedingungen arbeiten. Mehrere Hunderttausend – die nicht ermittelte Zahl schwankt um 700.000 – starben in dieser Zeit vor allem an schlechten Arbeits-, Lebens- oder medizinischen Bedingungen.

Die Deutschen wurden der Sonderverwaltung (Kommandantur) unterstellt und praktisch zu rechtlosen Arbeitssklaven gemacht, die dann im Herbst 1941 zusammen mit deutschen Kriegsgefangenen, darunter auch Zivilisten, in die sogenannte Trudarmee (von труд ‚Arbeit') interniert wurden. Unter militärischer Willkür mussten sogar Jugendliche bei unzureichender Ernährung und bei extremer Kälte körperliche Schwerstarbeit verrichten.

https://de.wikipedia.org/wiki/Geschichte_der_Russlanddeutschen

Über den Autor

Arzuman Ilyasoglu ist ein berühmter Autor und Mitglied des Schriftstellerverbandes in seinem Heimatland Aserbaidschan. Er wurde für ein Präsidentenstipendium nominiert.